Clarice Lispector

LEBEN IN BILDERN

Herausgegeben von

Dieter Stolz

Clarice Lispector

Leonie Meyer-Krentler

DEUTSCHER KUNSTVERLAG

Inhalt

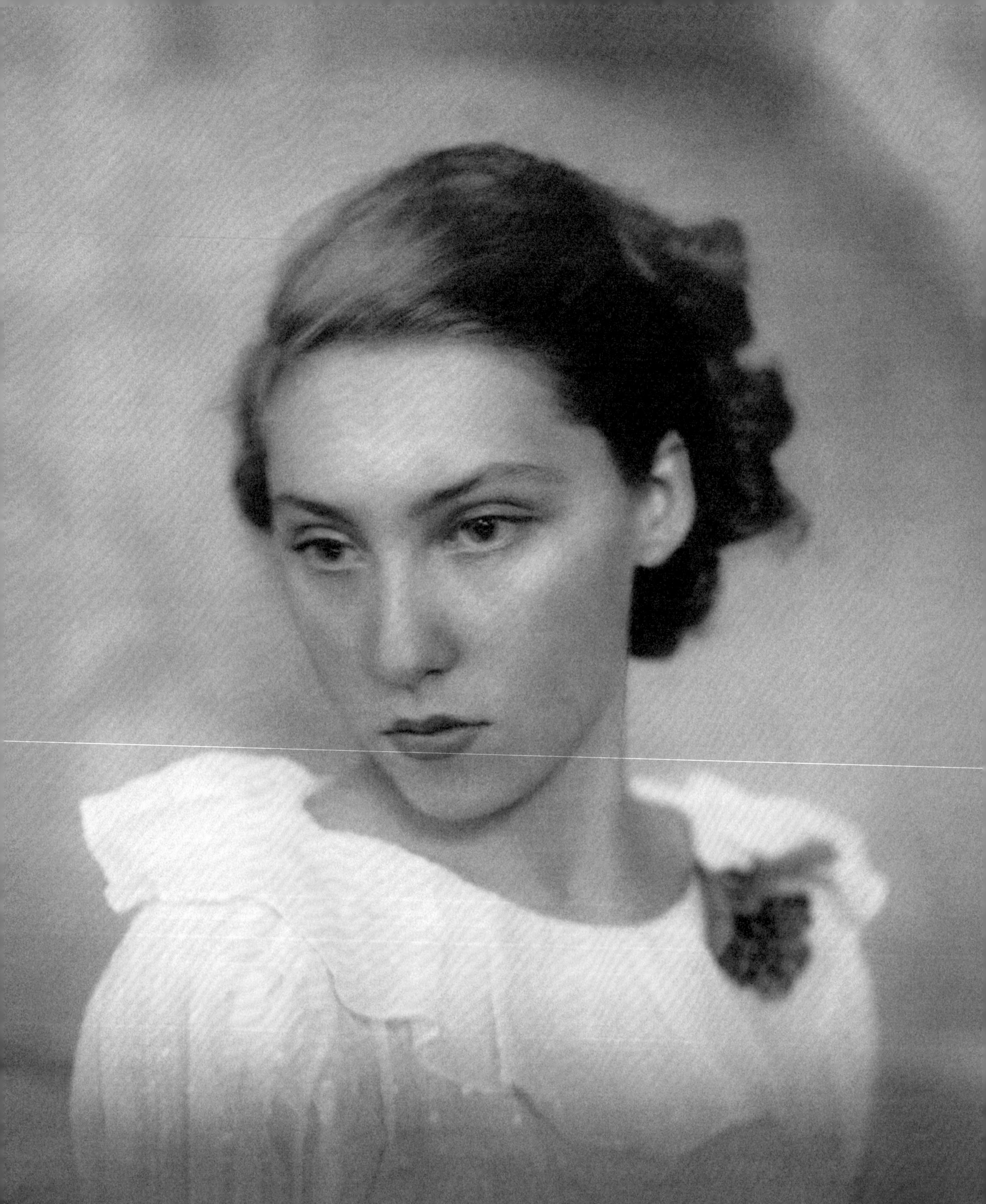

»Es war einmal ein Vogel, mein Gott!«

»Ich finde sie besser als Borges!«, schrieb Elisabeth Bishop begeistert, nachdem sie einige der Erzählungen Clarice Lispectors übersetzt hatte. Dieser Bezug ist keineswegs aus der Luft gegriffen. Denn ähnlich wie bei dem herausragenden argentinischen Schriftsteller Jorge Luis Borges ist es auch bei der hierzulande erst noch zu entdeckenden Brasilianerin kaum möglich, sie mit größerem Erkenntnisgewinn auf Vorläufer zurückzuführen. Ihre Literatur zeugt von einer derart eigenen, unvergesslichen Stimme und hat die Erzählkonventionen ihrer Zeit so grundlegend erschüttert und erneuert, dass man sich aus guten Gründen an Borges' einzigartiges Lebenswerk erinnert fühlen kann.

Ansonsten ist der Hagel an Vergleichen mit den Größen der Weltliteratur, in den Lispector geriet, wenig aufschlussreich, und eher das Maß bemerkenswert, in dem Literaturkritiker bis heute darum ringen, sie auf Bekanntes festzulegen. Nein! denkt man permanent, wenn man Rezensionen liest: Sie ist kein »weiblicher Kafka«, auch nicht »radikal wie Rimbaud«, ihr Werk erinnert nur sehr vage an Katherine Mansfield, an Joyce, Proust, Gide oder Charles Morgan. Das am häufigsten zitierte Zerrbild entwarf der Übersetzer Gregory Rabassa, als er Clarice Lispector 1963 bei einer Konferenz in Texas kennenlernte und urteilte: »Sie sieht aus wie Marlene Dietrich und schreibt wie Virginia Woolf.« So einprägsam, so falsch.

»Ich gehe auf unsichtbaren Gleisen. Gefangenschaft, Freiheit. Das sind die Wörter, die mir einfallen. Es sind jedoch nicht die wahren, einzigen, unersetzbaren, das fühle ich […]. Was ich ersehne, hat noch keinen Namen.« (*Nahe dem wilden Herzen*) Clarice Lispector in den 1930er Jahren in Rio de Janeiro.

Doch Rabassas Wirkungsmacht war groß. In seinem Englisch ging 1966 Julio Cortázars *Rayuela* um die Welt, 1970 dann der bis heute bekannteste Text eines lateinamerikanischen Autors: Gabriel García Márquez' *Hundert Jahre Einsamkeit*. Mit Lispectors Roman *Der Apfel im Dunkeln*, den er fast zeitgleich mit Cortázars Roman übersetzte, gelang Rabassa dies nicht. Ihr Erfolg blieb lange auf Brasilien und einige Länder des spanischsprachigen Lateinamerikas beschränkt, in

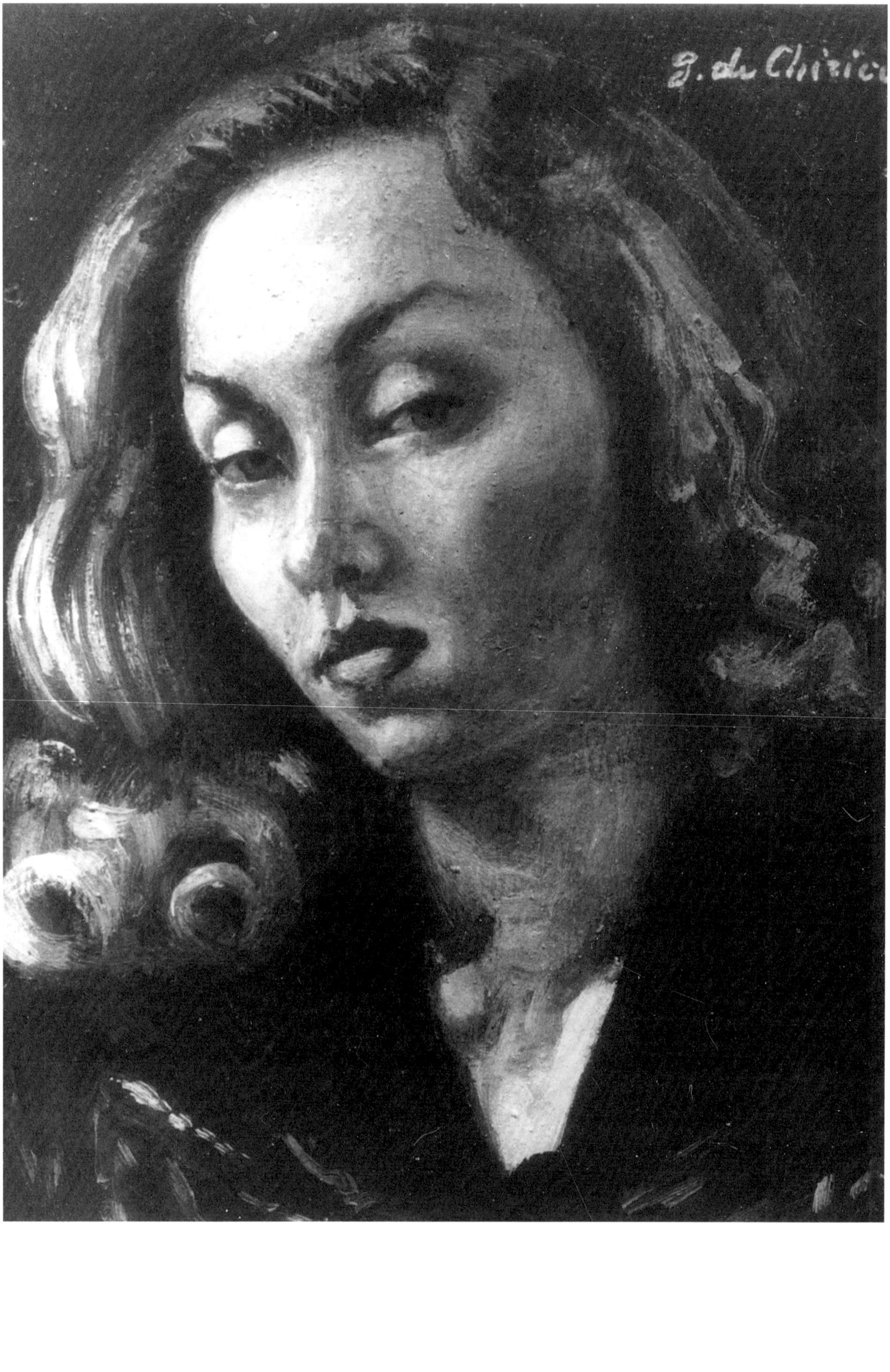
G. de Chiric

Europa wurde sie immerhin zum Geheimtipp unter Intellektuellen und Künstlern.

Clarice Lispector, »eine der schillerndsten und geheimnisvollsten Autorinnen des 20. Jahrhunderts« (Orhan Pamuk), hat die Phantasie der Menschen angefacht. Ihre Literatur wirkt unmittelbar emotional. Die einen kommen nicht mehr von ihr los, die anderen lehnen sie vehement ab. Aus vielen Leserreaktionen lässt sich der Wunsch herauslesen, mit der Lektüre von Erzähltexten wie *Aqua Viva* oder *Die Passion nach G. H.* zu einer Essenz des Lebendigen vorzudringen, mit der großen Sprachskeptikerin hinter die Worte und zu den Dingen selbst zu gelangen. Clarice (sprich: »Klarissi«), wie sie in Brasilien genannt wird, ist nicht nur eine Autorin, sie verkörpert auch eine Hoffnung: dass die Sehnsucht nach einem eigenen, nicht irritierbaren Weg und Stil, nach Ausdrucksmöglichkeiten für Unbekanntes, nur vage Empfundenes mit der Lektüre ihrer Texte erfüllt wird.

Die Journalisten, die sich mit ihr befassten, trieb sie manchmal zur Verzweiflung, weil sie sich selbst widersprach, falsche Angaben machte – etwa zu ihrem Geburtsjahr –, weil sie oft nicht einzuordnen war, auch was politische Fragen anging. Manchmal schwieg sie einfach oder antwortete »das will ich nicht sagen«. Nach Brasilien war sie Anfang der 1920er Jahre als Kind gekommen, die Familie floh vor dem Bürgerkrieg in der Ukraine. Einmal versuchte eine Reporterin es so: »Man sagt, Sie seien ausweichend, schwierig, wollten mit niemandem reden. Den Eindruck habe ich nicht.« Darauf Clarice: »Offensichtlich stimmt es aber.« Sie gab ungern Interviews, entzog sich. Nichtsdestotrotz wurde sie selbst als Journalistin für ihre Gespräche mit den Größen des brasilianischen Kulturlebens der 1960er und 70er Jahre bekannt. Manchmal kehrte sie dann die Rollen um, gab plötzlich Auskunft über sich, während sie ihre Gesprächspartner befragte und provozierte damit das Unerwartete einer Begegnung.

Ihre rätselhafte Persönlichkeit, ihr scheuer Umgang mit der Öffentlichkeit – all das war ein Nährboden für Legenden: Ein einflussreicher Kritiker glaubte, ihr Name sei ein Pseudonym, daraufhin hieß es, sie sei in Wirklichkeit ein Mann. Andere meinten, sie sei nicht Jüdin, sondern Katholikin, man spekulierte über ihre Muttersprache, ihre Herkunft, darüber, ob sie lesbisch sei. Vielen Brasilianern erschien sie fremd. Das lag nicht zuletzt an ihrer Sprechweise: Ihr kehliges R, das auf ein verkürztes Zungenbändchen zurückging,

Der italienische Maler Giorgio de Chirico porträtierte Clarice Lispector 1945 in Rom.

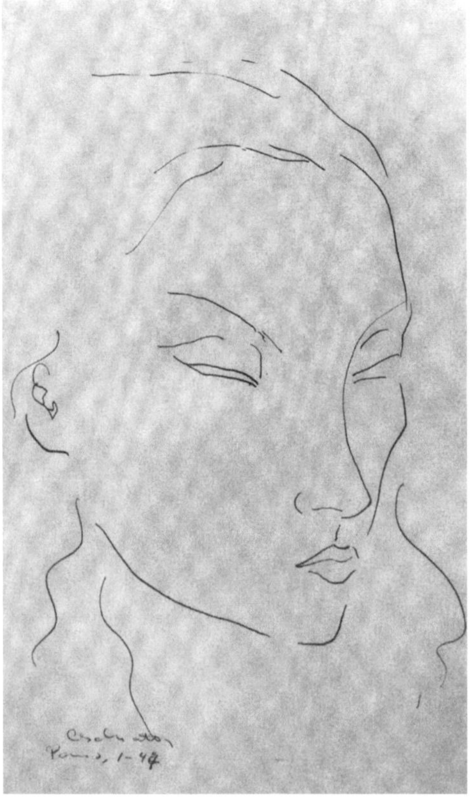

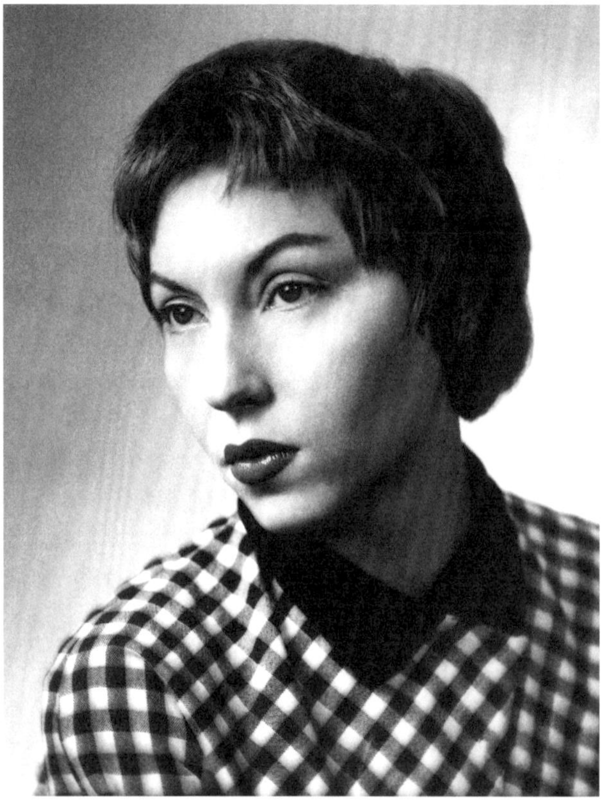

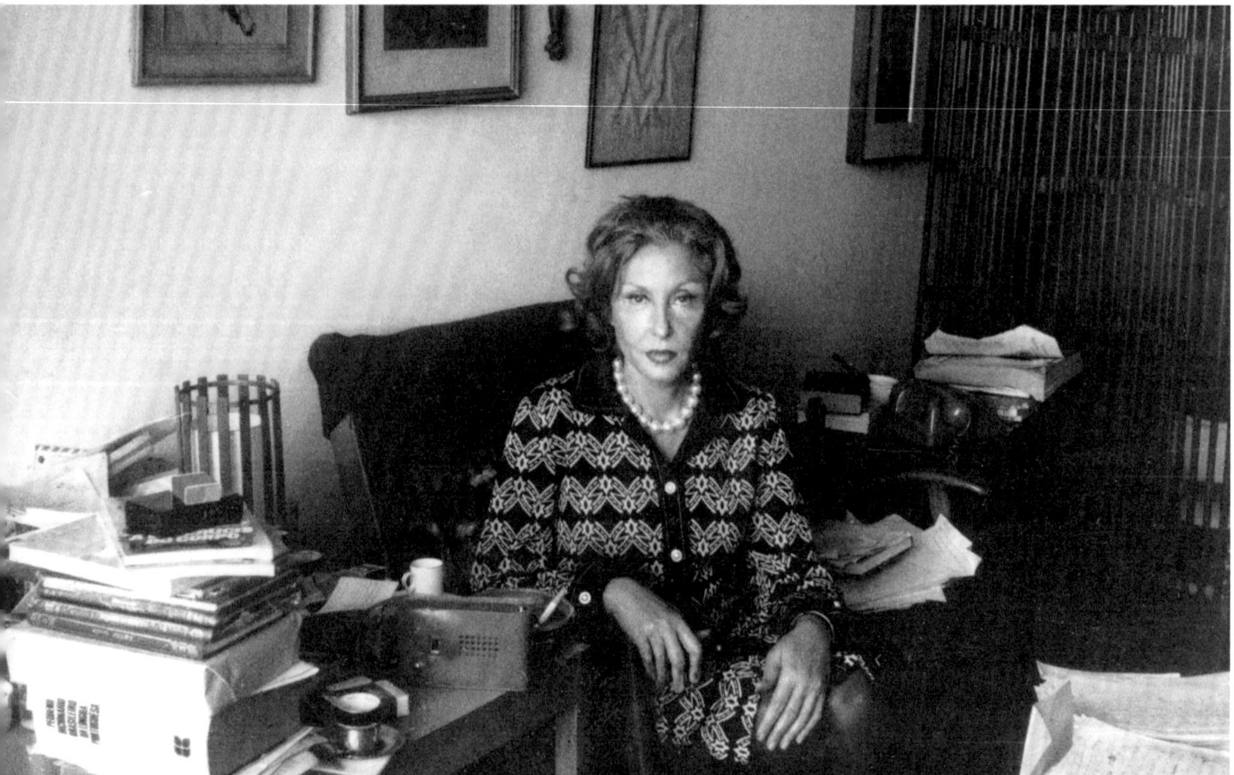

verlieh ihr einen Akzent, der manche glauben ließ, Clarice Lispector sei Französin.

Wo sie auftrat, irritierte sie. Gleichzeitig schlug ihr ein immenses Interesse an ihrem Äußeren entgegen, an ihrer physischen Ausdruckskraft, dem markanten Gesicht, ihren »Kirgisenaugen«, die manchen Thomas Mann-Kenner direkt in die Gefühlswelt eines Hans Castorp katapultierten. Für die meisten verkörperte sie aber vor allem die *Grande Dame* des brasilianischen Mid-Century, mit ihrem eleganten Kleidungsstil, der geheimnisvollen Schönheit und ihren offensichtlichen Modelmaßen. Wenn in den Zeitungen über sie geschrieben wurde, dann selten nur über ihre Literatur, immer auch über ihre Erscheinung. Das lag natürlich nicht nur an ihrer Attraktivität, sondern auch an der Verwunderung über die Kombination: Dass eine Frau derart gut aussah und gleichzeitig so gut schrieb, das kannte man offenbar nur selten. Bis heute erscheint jedenfalls kaum eine Rezension zu ihrem Werk, in der dieses Staunen nicht wenigstens noch zu erahnen ist.

Ob sie sich an dem übermäßigen Interesse für ihr Äußeres störte? Zunächst vermutlich nicht, im Gegenteil. Nachdem sie viele Jahre als Ehefrau eines Diplomaten im Ausland gelebt hatte, ließ sie sich scheiden und kehrte mit den beiden Söhnen nach Rio de Janeiro zurück. In ihrem Apartment im Stadtteil Leme nahe dem Meer – das sie liebte – bestückte sie eine ganze Wand mit Portraits von sich selbst und kommentierte dazu einmal, man könne das für Narzissmus halten, für sie selbst sei es Lebensfreude. Doch auch ihre Umgebung machte sich ja Bilder von ihr, mehr und mehr, je bekannter sie wurde – und zusehends begann sie unter den Vorstellungen zu leiden, die von ihr kursierten. Erschwerend hinzu kam ein weiterer Schicksalsschlag: In den 1960er Jahren verlor sie, gerade erst in ihren 40ern, ihre physische Attraktivität – zumindest meinte sie das, nachdem sie einen furchtbaren Unfall erlitten hatte, von dem sie schwere Brandverletzungen davontrug. Sie zog sich zurück, wurde im Umgang immer schwieriger. In den letzten Jahren vor ihrem Tod 1977 steigerten sich sowohl ihr Ruhm als auch die Ressentiments gegen ihre Person derart, dass sie in den Ruf eines *Monstre sacré* der brasilianischen Literatur geriet.

Unverkennbar bleibt, dass die Momentaufnahmen aus diesen verschiedenen Lebensphasen allesamt eine ganz eigene, oftmals ambivalente Kraft haben. Von dem Kind, das mit den Eltern und zwei Schwestern aus der Ukraine nach Brasilien kam und dort ums Über-

Clarice Lispector. Zeichnung von Alfredo Ceschiatti, Paris 1947.

»Ihr slawisches Gesicht beeindruckte mich. Es war kräftig und schön und hatte etwas Katzenhaftes an sich. Für mich besaß sie die Aura eines Mythos, so sehr hatten mir ihre seltsamen Bücher imponiert, gewoben aus einer magischen Sprache, ohne Entsprechung in der brasilianischen Literatur.« (Ferreira Gullar, brasilianischer Dichter und Essayist) Das Bild zeigt Clarice Lispector 1955 in Washington. Foto: Miller.

Clarice Lispector in ihrer Wohnung, umgeben von Büchern und Papieren. Foto: 1970er Jahre.

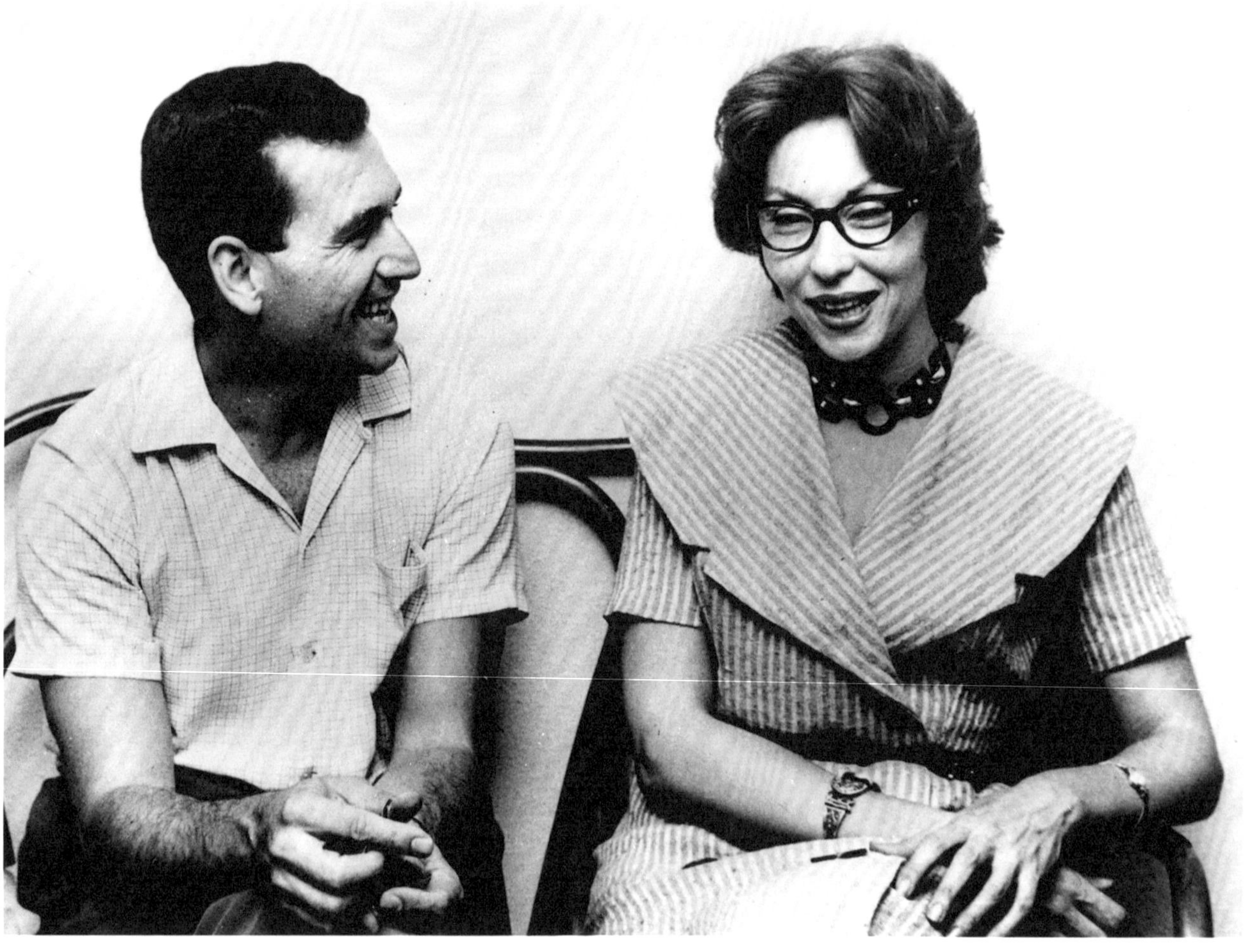

Clarice Lispector mit ihrem engsten Freund, dem Schriftsteller Fernando Sabino, in den 1960er Jahren in Rio de Janeiro. Während ihrer Zeit in Europa hatte er sie fortwährend bestärkt und in Brasilien unermüdlich um Publikationsmöglichkeiten für sie gerungen.

leben kämpfte, insbesondere um das der schwer kranken Mutter, gibt es allerdings nur wenige Fotografien. Viele dagegen von der bildschönen, jungen, eleganten Clarice, die mit 23 in Rio de Janeiro ein sensationelles Debüt vorlegte. Dunklere, leidvollere Bilder aus Neapel und Bern, wo sie an der Seite ihres Ehemannes jahrelang unglücklich war. Familienbilder aus Washington, wo ihre beiden Söhne die Kindheit verbrachten. Bilder auch von der Diplomatengattin, die sie so perfekt verkörperte, von prunkvollen Empfängen, Festen, Diners. Und eine, eine einzige Fotografie findet sich vom Anfang der 1960er Jahre, die in einem ganz anderen Sinne schön ist: ein bezauberndes Bild der älteren, nach Rio zurückgekehrten Clarice, auf dem sie ganz bei sich zu sein scheint, entspannt und selbstvergessen, mit ihrem Schriftstellerfreund Fernando Sabino.

Auf manchen dieser Fotografien sieht man etwas von dem Abstand zwischen derjenigen, die sie, wie sie einmal schrieb, ›für sich selbst‹ war, und der öffentlichen Clarice Lispector ›für die anderen‹. Zweifellos muss es um dieses Auseinanderklaffen gehen, um die damit verbundenen existenziellen Zerreißproben, will man sich dem Lebendigen ihrer Biografie und ihrem Werk nähern und nicht den festgeschriebenen Bildern, die man sich so gern von ihr und ihrem solitären Talent gemacht hat.

Ihre Aufzeichnungen lassen darauf schließen, dass Clarice schon 1933 beschloss, Schriftstellerin zu werden. Sie beschrieb diese Bewusstwerdung im Nachhinein so:

»Als ich mir mit dreizehn Jahren den Wunsch zu schreiben bewusst zu eigen machte [...], fand ich mich auf einmal in einem leeren Raum wieder. Und in diesem leeren Raum war niemand, der mir hätte helfen können. Ich selbst musste mich aus einem Nichts erheben, ich selbst musste mich verstehen, ich selbst sozusagen meine Wahrheit erfinden. [...] Und das alles geschah in solcher Heimlichkeit. Ich erzählte niemandem davon, ich durchlebte diesen Schmerz allein. [...] Das Schreiben ist mir immer schwergefallen, auch wenn der Ausgangspunkt das war, was man eine Berufung nennt. Berufung und Begabung sind zweierlei. Man kann eine Berufung haben, aber keine Begabung, das heißt, gerufen werden, aber nicht wissen, wie man den Weg zurücklegen soll.«

Vielleicht ist es gerade ihre Unkenntnis über den Weg, die der modernen brasilianischen Literatur eine ihrer größten Errungenschaften

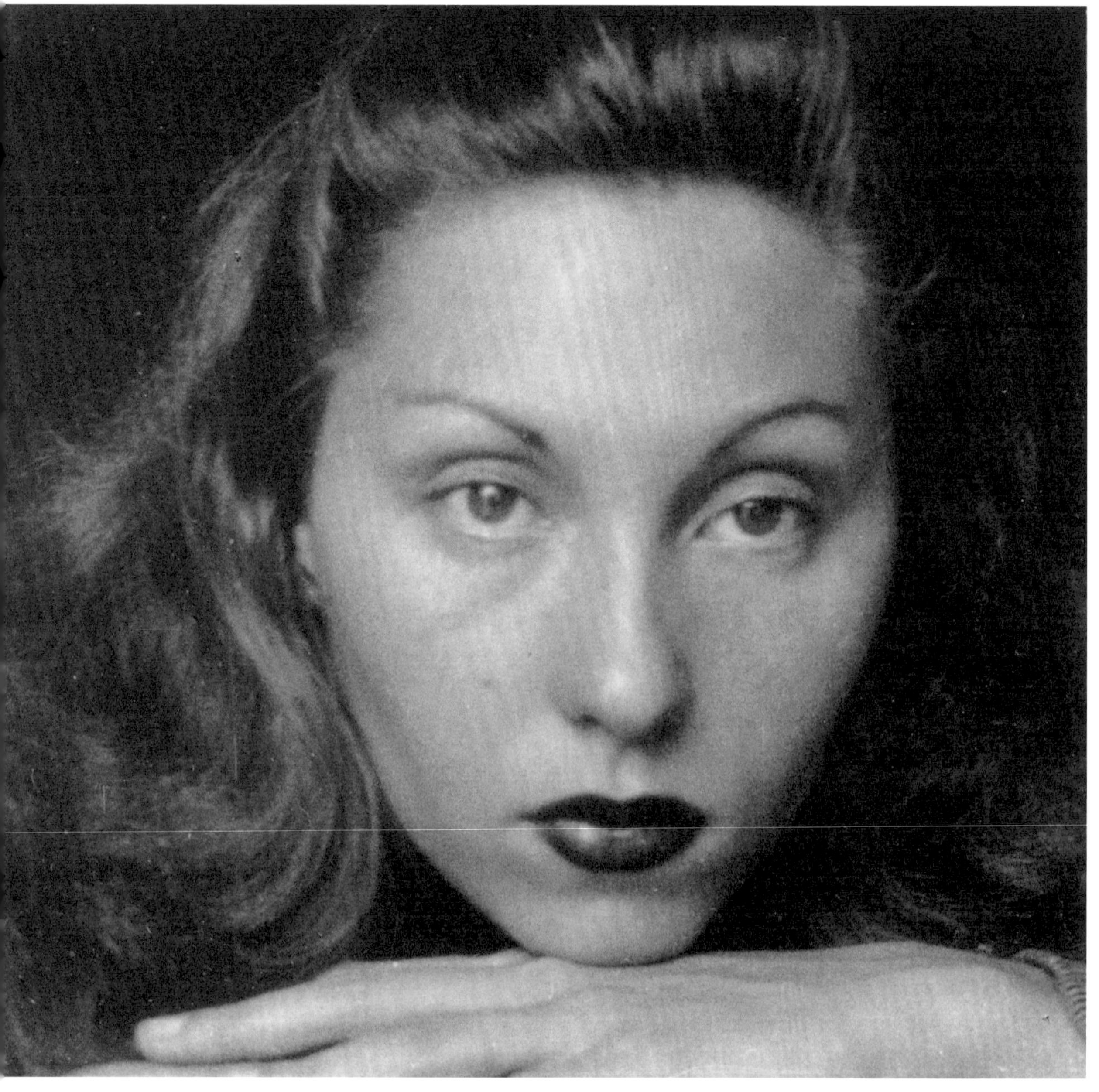

Clarice Lispector 1946 in Paris,
aufgenommen von ihrer Freundin
Bluma Wainer.

beschert hat. Fest steht, ihr erster und wichtigster Wunsch war es, trotz allem dazuzugehören. »Vielleicht habe ich so jung angefangen zu schreiben, weil ich beim Schreiben wenigstens ein bisschen zu mir selbst gehörte«, schrieb sie später über ihre Kindheit. Zu den anderen gehörte sie aber auch dadurch nicht. Sie schickte zwar schon als junges Mädchen Erzählungen an *Diário das Crianças*, die Kinderseiten des *Diário de Pernambuco*, die Preise für Erzählungen von Kindern vergaben, aber Clarice gewann nie. Irgendwann ging ihr auf, warum: Während die ausgezeichneten Mitbewerber nach vorgegebenen Mustern erzählten und Dinge der äußeren Welt beschrieben, schilderte sie Gefühle, mied Fakten. Mehr noch, die Macht des Mimetischen hatte sie im Grunde von den ersten Schreibversuchen an über ihr gesamtes literarisches Werk hinweg in Frage gestellt. Eine ihrer Kurzgeschichten heißt bezeichnenderweise »Versuch einer Erzählung« und besteht aus einem einzigen Satz: »Es war einmal ein Vogel, mein Gott!«

Den Gefühlsschilderungen den Vorzug zu geben, Gefahr zu laufen, als »hermetisch« zu gelten, das hat Clarice Lispector fast ihr ganzes Leben lang um Publikationsmöglichkeiten gebracht – obwohl es immer auch Befürworter dieser »Grenzprosa im Zeichen von Auswanderung und Einwanderung« gab, ja sogar überzeugte Verfechter wie den hier zitierten Dichter Lêdo Ivo, der beteuerte, die Lispector-Lektüre habe zu den stärksten emotionalen Eindrücken in seinem Leben gehört: »Eine greifbare und annehmbare Erklärung für das Geheimnis von Lispectors Stil und Sprache wird es zweifellos nicht geben. Die Fremdheit ihrer Prosa ist eine der schlagendsten Erscheinungen in der Geschichte unserer Literatur, ja, in der Geschichte unserer Sprache. […] Man ist geneigt zu sagen: Sie, die eingebürgerte Brasilianerin, hat eine Sprache eingebürgert.«

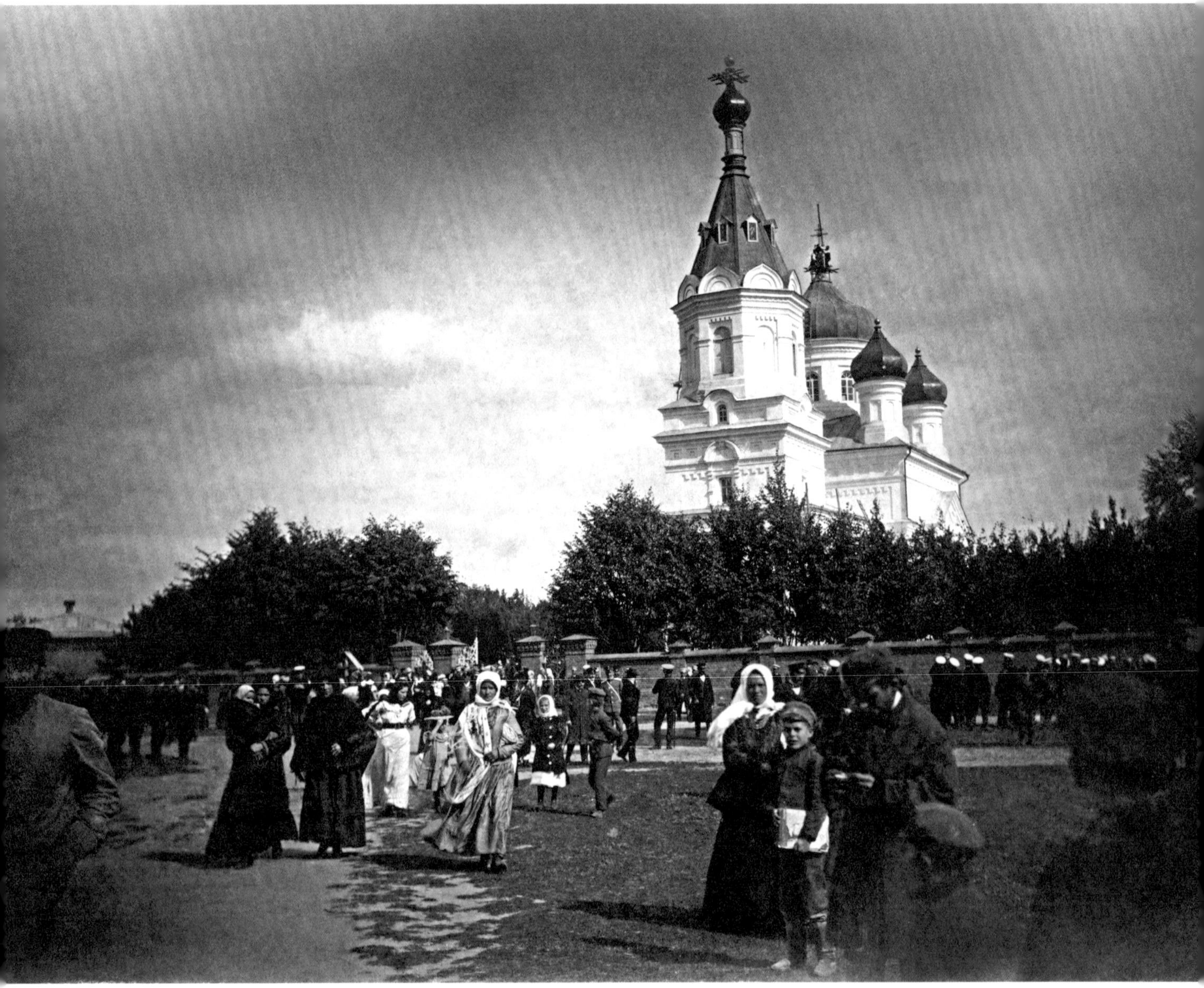

Haia – Leben

Clarice Lispector fühlte sich als Brasilianerin. Sie sprach kaum über ihre Herkunft, machte sogar bewusst unrichtige Angaben, wenn es darum ging, in welchem Alter sie nach Brasilien gekommen war: Nach den Einreisepapieren war sie bereits über ein Jahr, wollte später aber nur wenige Wochen alt gewesen sein. Gegen Ende ihres Lebens behauptete sie wiederholt, sie sei nicht 1920, sondern 1925 geboren. Tatsache ist, Chaja Pinchassowna Lispector, die spätere Clarice Lispector, wurde als jüngste von drei Schwestern im Dezember 1920 in einer ukrainischen Kleinstadt namens Tschetschelnyk geboren.

Ihr Vater Pinkhas, Jahrgang 1885, und ihre Mutter Mania, geboren 1889, hatten um 1910 geheiratet. 1911 kam ihre erste Tochter Leah zur Welt (später wurde der Name in Elisa geändert), 1915 die zweite, Tania. Die Familie führte in den ersten gemeinsamen Jahren nach Elisa Lispectors Schilderung ein ruhiges Leben. Es habe Freitagabende im Kreis der Familie gegeben, an denen der Kerzenleuchter zum Sabbath angezündet wurde und es herrliche Speisen zum Essen gab. Elisa, die ebenfalls Schriftstellerin wurde, schildert Sommertage bei den Eltern der Mutter, an denen die Kinder im Fluss gebadet, im Wald gespielt und die Familie am Nachmittag auf der Veranda den Tee eingenommen habe. »Aber meine Mutter war am großartigsten an den Abenden, an denen andere Paare uns besuchten. Niemand konnte eine so faszinierende Gesprächspartnerin sein.«

Haysyn war der letzte Aufenthaltsort der Familie vor Tschetschelnyk. Clarices Schwester Elisa schrieb später über die Zeit vor der Flucht aus der Ukraine: »Fast bis zum Tag unserer Abfahrt hatten wir keine Hoffnung, konnten wir kein Gelobtes Land ausmachen. Die Briefe, die Mutter und Vater nach Amerika und Brasilien schickten, waren lange unterwegs, und die Antworten brauchten noch länger.« (Elisa Lispector: *Retratos*)

Elisa beschreibt die Mutter in ihrem 1948 in Brasilien, aber bislang nicht auf Deutsch erschienenen Roman *No exílio* als lebhaft und strahlend, den Vater als nachdenklicher, belasteter. Pinkhas, der sich für Naturwissenschaften und Mathematik begeisterte, hatte, weil er Jude war, nicht studieren können. Er führte das Leben eines Ladenbesitzers, der Schuhe, Stoffe, Hüte und Accessoires verkaufte und

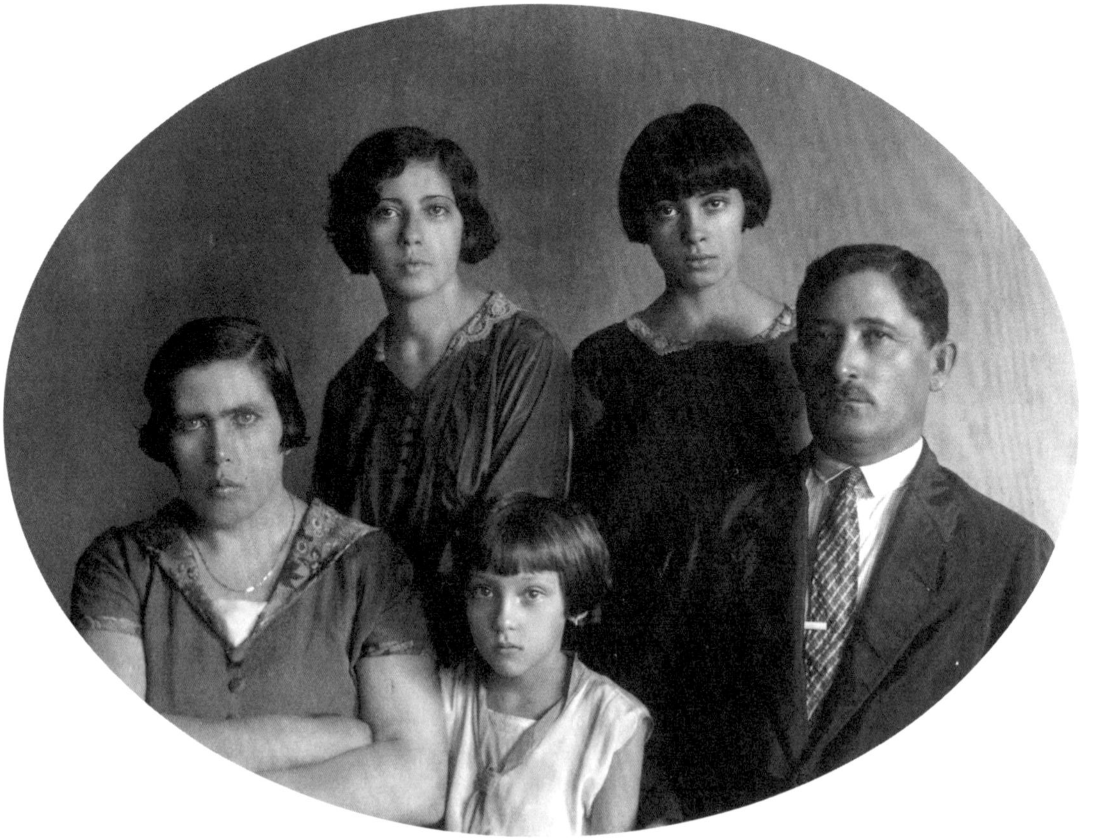

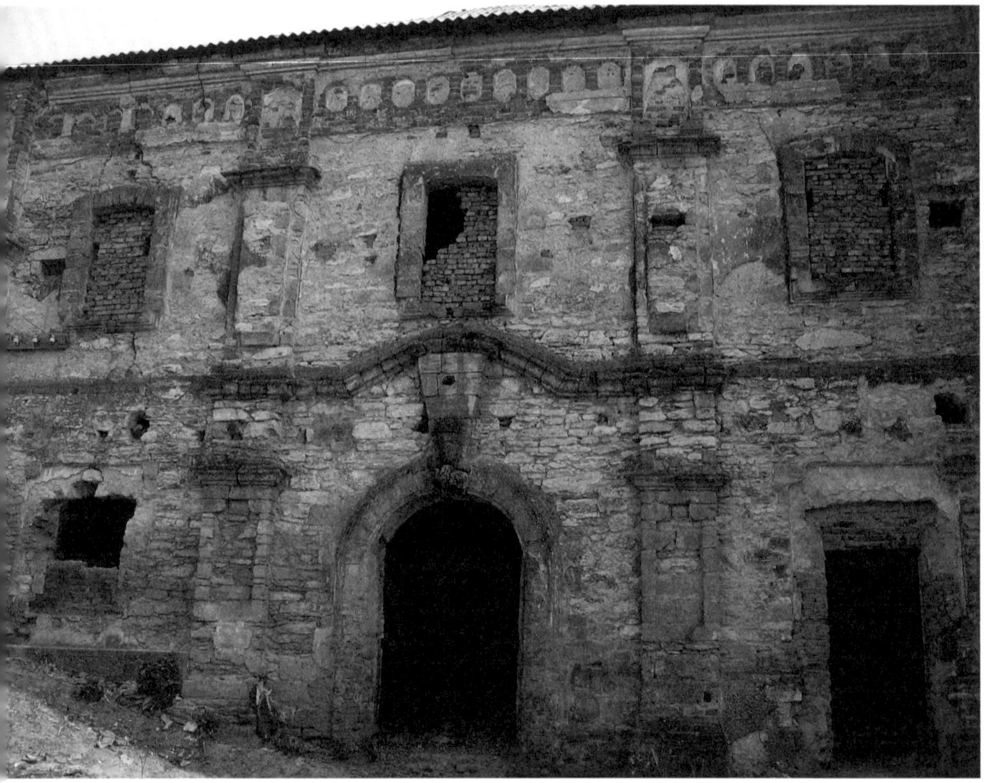

Die Familie nach ihrer Ankunft in Brasilien Ende der 1920er Jahre. Von links nach rechts: Clarices Mutter Mania Krimgold, bereits gelähmt, die älteste Schwester Elisa, die ebenfalls Schriftstellerin wurde, Clarice, die Schwester Tania, der Vater Pinchas Lispector.

Die Ruinen der Synagoge von Tschetschelnyk.

sich, wenn die Kundschaft ausblieb, in den hinteren Teil seines Ladens zurückzog, um dort zu lesen – neben Bialik und Dostojewski auch den Talmud. Er habe einen enormen Wissensdurst gehabt, die Welt sehen wollen, schreibt Elisa. Zu dieser Zeit wurde die Situation für viele Juden zunehmend schwierig. Bereits einige Jahre vor den Lispectors wanderten Cousins der Mutter aus (Söhne vom Bruder der Mutter, Lievi Rabin), die zunächst nach Argentinien, dann nach Brasilien emigrierten und einen Beruf ergriffen, der so charakteristisch für viele jüdische Immigranten war: den Beruf des fahrenden Händlers. Auch Pinkhas schlüpfte später in Brasilien in diese Rolle, um seine Familie über die Runden zu bringen.

Aber noch waren die Lispectors in der im Zuge des Ersten Weltkriegs heftig umkämpften Ukraine. 1917 hatte die gesamtukrainische Ratsversammlung die Macht über die Volksrepublik beansprucht, mit dem »Brotfrieden« zwischen den Mittelmächten und der Ukrainischen Volksrepublik im Februar 1918 entstand für kurze Zeit ein unabhängiger ukrainischer Staat. Die Situation war verwirrend: Kiew wurde von Bolschewiken besetzt, aber durch einen wiederum von den Deutschen unterstützten Staatsstreich entstand ein Machtvakuum, das in einen Bürgerkrieg mündete. Leah (Elisa) erlebte es so: »Jeden Morgen eine Überraschung. Wir wussten nie, in die Hände welcher Seite die Stadt in der Nacht gefallen war.« Im Dezember 1918 begannen schwere Pogrome gegen die jüdische Bevölkerung. Nach Schätzungen des Roten Kreuzes sind bis 1920 dabei mindestens 40.000 Juden ermordet worden, ohne diejenigen zu zählen, die an Verletzungen und Infektionskrankheiten starben. Andere Schätzungen gehen von bis zu 200.000 Opfern aus. Man nimmt darüber hinaus an, dass 600.000 Menschen deportiert wurden, mehr als eine Million floh.

Im Sommer 1919 kam es zu einem Pogrom in Haysyn, der Stadt, in der die Lispectors mittlerweile lebten. Elisa Lispector erzählt von all dem in ihrem Roman *No exílio*, der nach Aussagen ihrer Schwester Tania »fast autobiographisch« sei und wichtige Hinweise für Clarice Lispectors spätere Biografinnen und Biografen enthielt. Die Familie floh und ließ sich in Tschetschelnyk in der Nähe der rumänischen Grenze nieder. Dort wurde die jüngste Tochter geboren, Haia, dort wartete man darauf, dass ein Fluchthelfer, den man mit dem letzten Geld bezahlt hatte, seine Aufgabe erfüllen würde. Die Mutter war krank. Obwohl nicht sicher geklärt ist, woran sie eigentlich litt, ist wohl anzunehmen, dass sie mit den Folgen einer unbehan-

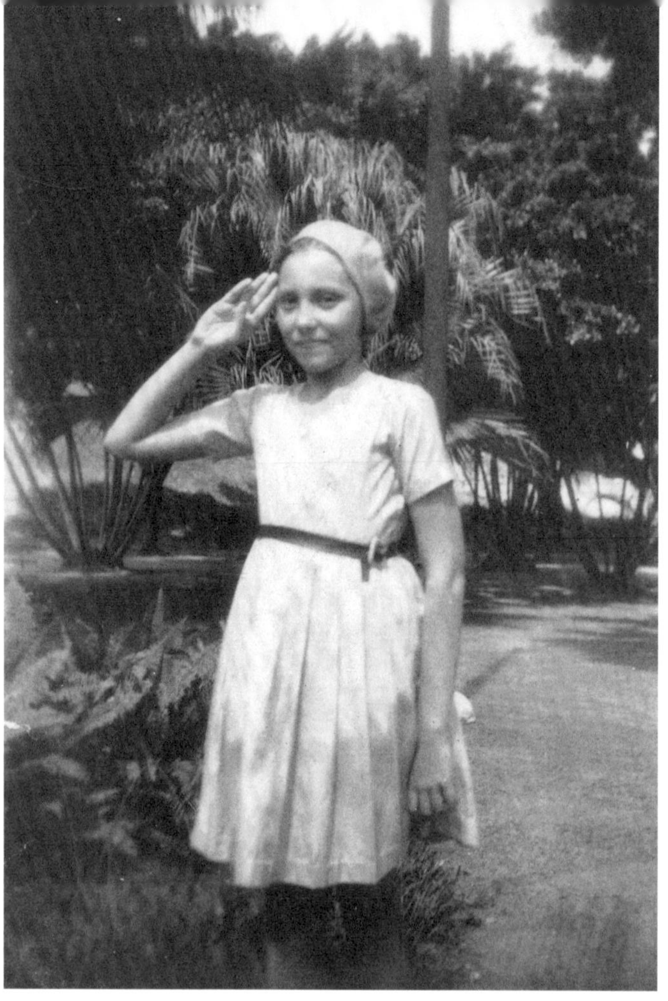

Clarice im Parque de Derby in Recife
im Sommer 1934.

Straßenkarneval in Rio de Janeiro um 1937.

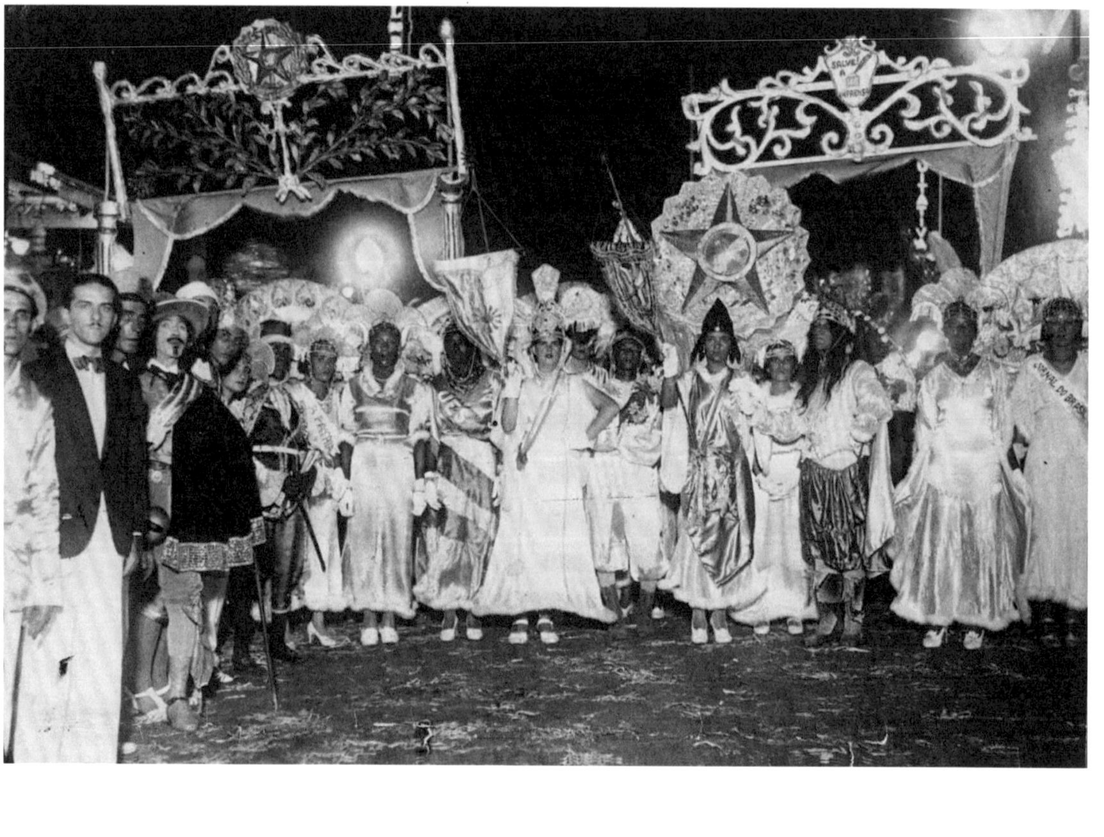

delten Syphiliserkrankung nach einer Vergewaltigung während der Pogrome kämpfte. Der Vater lernte, Seife herzustellen, um in Tschetschelnyk zu überleben. Zwischen 1915 und 1920 sank die Einwohnerzahl des Ortes um die Hälfte, man schätzt, dass in der Ukraine zwischen 1921 und 1922 eine Million Menschen an Hunger starben. Die Familie floh schließlich über Bukarest, Budapest, Prag und Hamburg nach Maceió im Norden Brasiliens, wo sie bis 1925 blieb, um dann nach Recife umzuziehen, 1935 weiter nach Rio de Janeiro.

Kurz vor der Flucht wurde also die jüngste Tochter der Familie geboren. Ihr Name Chaja oder Haia bedeutet »Leben«, und sie wusste schon früh, dass sie aus einem ganz bestimmten Grund auf der Welt war: Einem alten russischen Volksglauben nach konnte eine Schwangerschaft eine Frau heilen. Sie, Haia, habe ihre schwer kranke Mutter retten sollen, so erzählte sie es jedenfalls als Erwachsene. Erst mit der Emigration nach Brasilien wurde ihr Name in »Clarice« geändert. Leben, Gesundheit, Freude hatte sie in die Familie bringen sollen, und sie bemühte sich redlich, wenn auch vergeblich. Sie verbarg den Schmerz darüber, ihre Mutter so schwer krank zu sehen – in ihren ersten Lebensjahren sogar vor sich selbst. Sie sei sehr fröhlich gewesen: »Ich…ich…ich war so…so lebendig!«, schrieb sie einmal über diese ersten Jahre.

Clarices Familie war sehr arm und ihre Mutter inzwischen so krank, dass sie sich kaum noch bewegen konnte. Anita Rabin, eine Cousine zweiten Grades und Kindheitsfreundin von Clarice erinnerte sich später daran, dass die Mutter immer in einem Sessel gesessen habe. Selbst das Sprechen sei ihr schwer gefallen, sie habe sich überhaupt nicht bewegt, während die beiden älteren Schwestern sie gepflegt hätten. Insbesondere Elisa, die älteste, besorgte schon mit elf Jahren den Haushalt der vielköpfigen Familie. Die Mutter sei ihr wie eine Statue vorgekommen, omnipräsent, das ganze Leben sei von der Sorge um sie durchdrungen gewesen, so Rabin. Wie sollte es auch anders sein! Und wie konnte ein kleines Mädchen wie Clarice damit zurechtkommen?

Ein Kindheitserlebnis: Karneval in Brasilien, auch in Clarices Viertel Boa Vista in Recife das wichtigste Volksfest des Jahres. Clarice ist fasziniert davon, allerdings feiert ihre Familie keinen Karneval. Man ist zu sehr mit der Krankheit, ja: mit dem Überleben beschäftigt. Plötzlich jedoch ein Lichtblick: Die Mutter einer Freundin fertigt ihrer Tochter ein Rosenkostüm, und da genug Krepppapier übrig

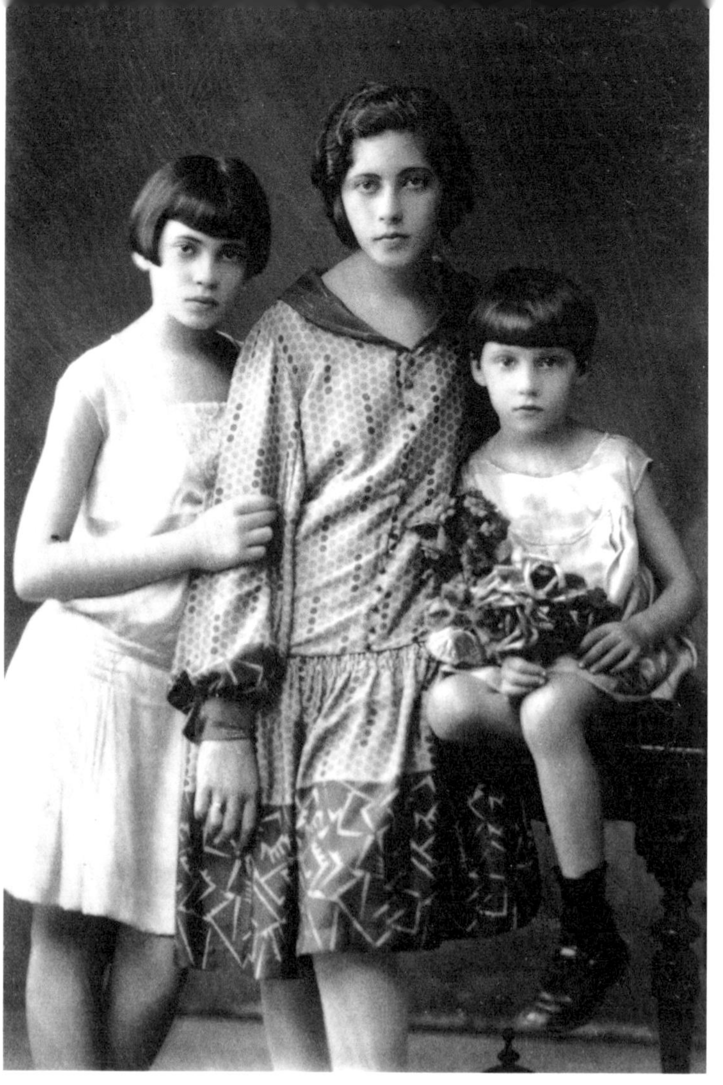

Die Schwestern in Recife: Tania, Elisa und Clarice (v. l. n. r.). Foto vom 16. September 1927.

Die Praça Maciel Pinheiro in Recife mit dem Wohnhaus der Lispectors (das zweistöckige Haus rechts neben dem flachen Gebäude auf der linken Bildseite), das heute noch existiert. Clarice lebte hier mit ihrer Familie von 1925 bis kurz vor dem Tod der Mutter 1930. Historische Ansichtskarte.

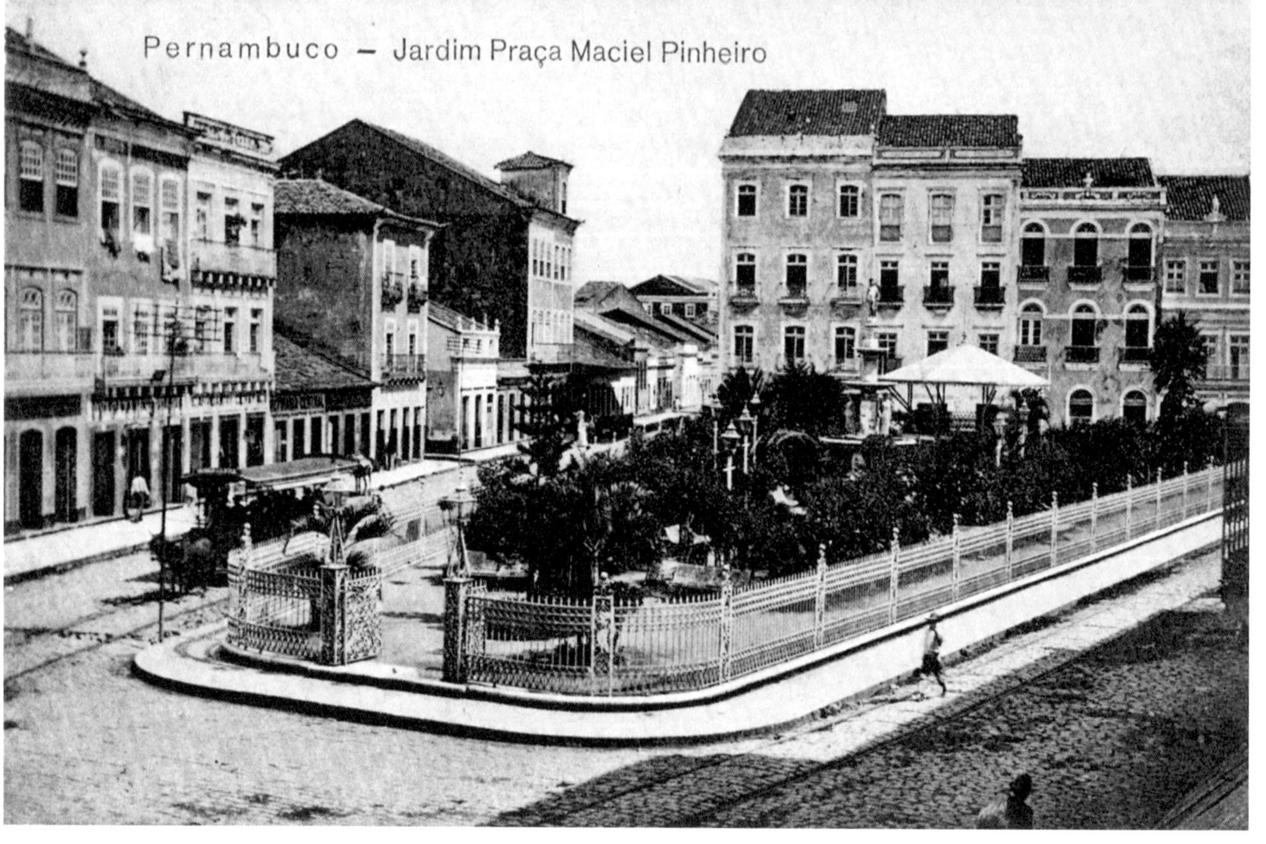

bleibt, macht sie auch eines für Clarice. Es versetzt dem Mädchen zwar einen Stich, dass sie nur dazu kommt, weil der Abfall eines anderen weiterverwertet wird, andererseits ist es großartig: das erste und einzige Mal, dass sie ein Karnevalskostüm hat. »Endlich hatte mich jemand erkannt« schrieb Clarice später darüber, »ja, ich war eine Rose!«. Als sie schon ganz in Krepppapier eingekleidet gewesen sei, noch mit Wicklern im Haar, das Gesicht noch ungeschminkt und ohne Lippenstift, sei es ihrer Mutter plötzlich schlechter gegangen, es habe eine große Aufregung zu Hause gegeben. Clarice wird zur nächsten Apotheke geschickt, um ein Medikament zu besorgen. In ihrer halb fertigen Rosenverkleidung rennt sie durch die Straßen, völlig durcheinander, überall wird Konfetti geworfen und gefeiert. Die Freude der anderen erschreckt sie. Stunden später, als die Situation zu Hause sich beruhigt hat, frisiert und schminkt ihre Schwester sie, aber etwas in ihr ist abgestorben. Wie in einem Märchen ist sie entzaubert worden: Sie ist keine Rose, sie ist nur ein einfaches Mädchen. Eine zutiefst prägende Dynamik: sich für etwas begeistern, zu sich selbst finden, Freude finden, dann die Reue. Aus diesem Zustand erlöst sie noch als erwachsene Frau vor allem das Schreiben: »Immer warte ich auf Inspiration mit einem Eifer, der mir keinen Frieden lässt. Ich bin sogar zu dem Schluss gekommen, dass das Schreiben das ist, nach dem es mich in der Welt am meisten verlangt, mehr sogar als nach der Liebe.«

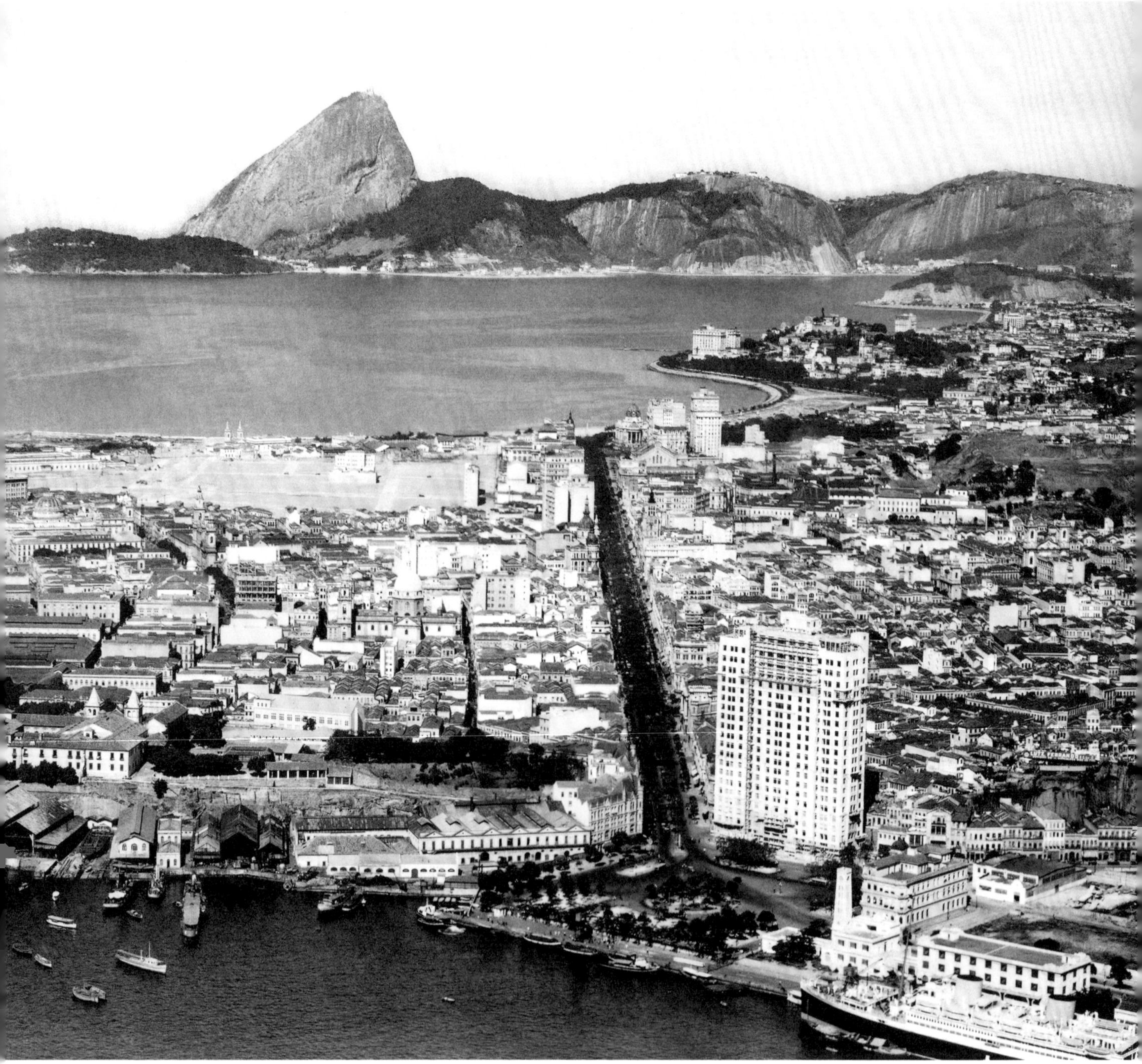

Nahe dem wilden Herzen

Clarice Lispectors Mutter starb am 21. September 1930 im Alter von 42 Jahren. Clarice war 9 Jahre alt. Ihre Eltern hätten ihr verziehen, dass sie ihre Lebensaufgabe nicht erfüllt habe, schrieb sie einmal. »Ich selbst werde es mir niemals verzeihen.«

Es ist schwer zu ermessen, was diese frühen Erlebnisse ganz konkret für ihr schriftstellerisches Werk bedeutet haben. Aber die so weitreichende Auseinandersetzung mit den seelischen Konflikten ihrer Figuren, das Bewusstsein für das, was in einem Menschen schweigt und dennoch kraftvoll auf ein Leben einwirkt, ist zweifellos tief von ihren ersten Lebensjahren geprägt. Man kann nur darüber spekulieren, was es bedeutet, eine Atmosphäre von Terror, Gewalt und Verzweiflung unbewusst zu erleben, wie Clarice in ihrer frühen Kindheit. Nachzulesen ist, dass Clarice Lispector in ihrem Werk unter großen Anstrengungen darum gekämpft hat, ins Seelenleben ihrer Figuren vorzudringen, es in seiner Rätselhaftigkeit erfahrbar zu machen. Diese Eigenart prägte bereits ihren Debütroman: Sérgio Milliet, der wohl einflussreichste brasilianische Literaturkritiker zum Zeitpunkt des Erscheinens 1943, kommentierte das Buch im brasilianischen Kontext als »ernsthaftesten Versuch, den introspektiven Roman zu schreiben«. »Zum ersten Mal geht ein brasilianischer Autor auf diesem fast jungfräulichen Feld unserer Literatur über die schlichte Annäherung hinaus; zum ersten Mal dringt ein Autor in die Tiefen der psychologischen Vielschichtigkeit der modernen Seele vor.«

Nahe dem wilden Herzen – den Titel hatte ihr Freund Lúcio Cardoso bei Joyce entlehnt – verknüpft Momente aus Kindheit und Jugend einer Frau, Joana, ohne einen stringenten Handlungsbogen zu entwerfen. »Wenn ich mit großen Augen vor dem blassen Spiegel stehe, überrascht es mich auch, dass es neben dem, was ich kenne, noch so vieles in mir gibt, so vieles, was immer still ist. Warum schweigt

Rio de Janeiro, mit der Avenida Rio Branco in der Bildmitte. Am unteren Ende an der Praça Mauá Nr. 7 das Hochhaus, in dem sich die Redaktion von *A Noite* befand. Foto von Augusto Malta, um 1929.

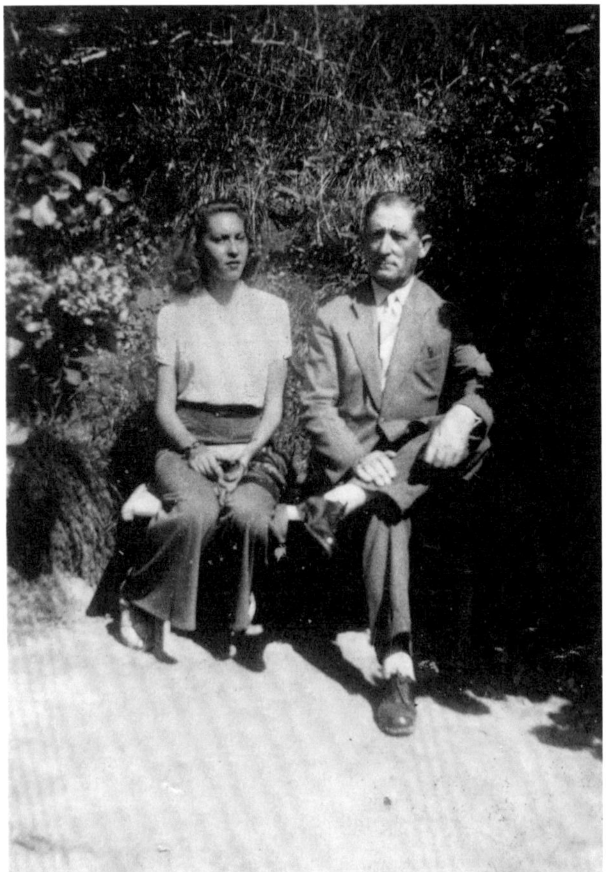

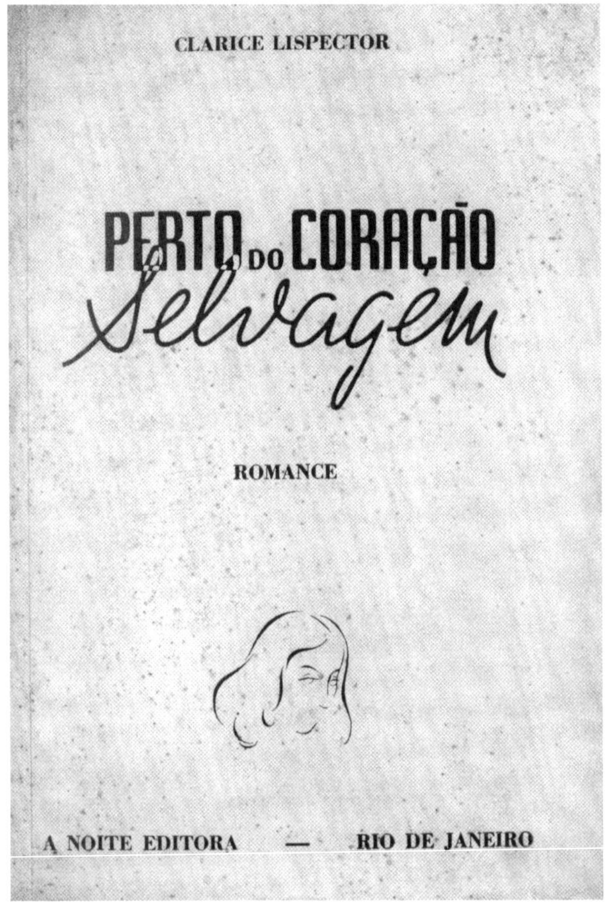

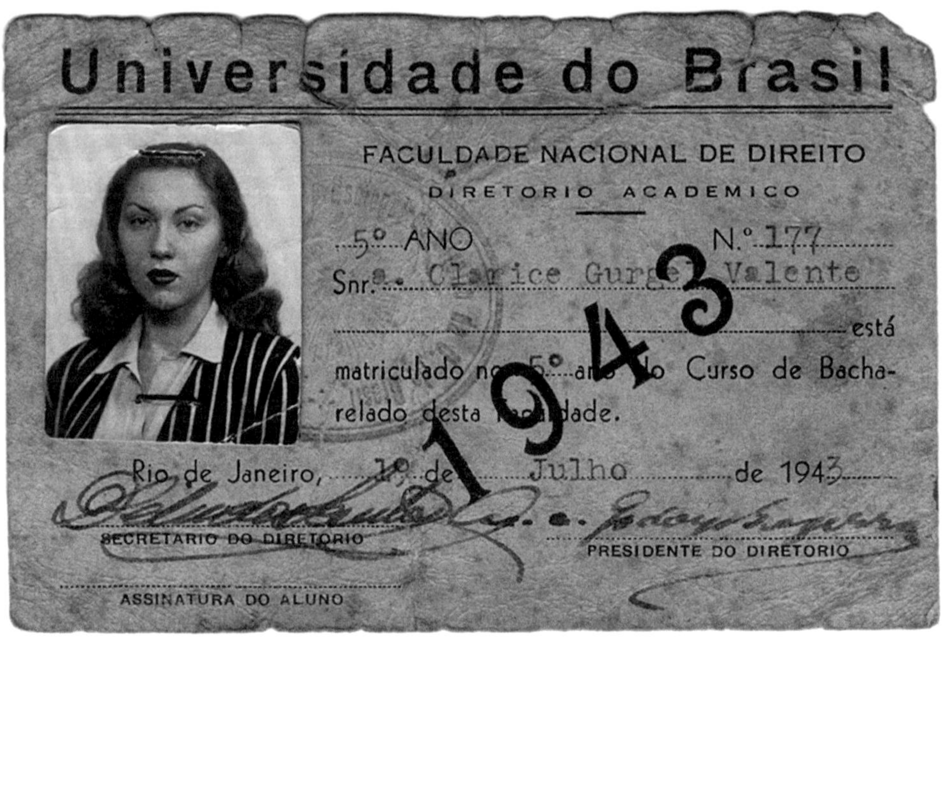
Universidade do Brasil

FACULDADE NACIONAL DE DIREITO
DIRETORIO ACADEMICO

5º ANO N.º 177

Snr.ª Clarice Gurgel Valente

está matriculado no 5º ano do Curso de Bacharelado desta Faculdade.

1943

Rio de Janeiro, [illegible] de Julho de 1943

SECRETARIO DO DIRETORIO

PRESIDENTE DO DIRETORIO

ASSINATURA DO ALUNO

es?«, fragt sich Joana und markiert damit ein zentrales Motiv des Romans. Es wäre sicher nicht verwunderlich gewesen, wenn ein solcher Text kaum Beachtung gefunden hätte in einer Umgebung, die von anderen Erwartungen und einer gänzlich anderen Literatur geprägt war, insbesondere noch vom kritischen Realismus der 1930er Jahre. Aber nein! »Wir entsinnen uns an kein sensationelleres Debüt, das einen Namen, der kurz vorher noch völlig unbekannt war, zu solcher Prominenz erhob«, schrieb Jurema Finamour im *Jornal de Letras* im September 1960. Wie konnte eine völlig unbekannte und so junge Autorin ein solches Buch schreiben? Die »Sensation« hing auch damit zusammen, dass diese Art der Schilderung weiblicher Innenwelten völlig neu war, dass man in Brasilien nichts Vergleichbares kannte. Diese Joana, die sich – und andere – permanent zu ergründen sucht, trifft in einer Dreieckskonstellation auf Lídia, die ehemalige Kindheits- und Jugendgefährtin ihres Mannes Otavio. Clarice Lispector stellt in dem Roman zwar eine gesellschaftlich etablierte Moral massiv in Frage, geht aber über eine Kritik konventionalisierter Frauenbilder insofern weit hinaus, als Joana von Kindheit an keine der gesellschaftlich vorgesehenen Rollen spielt, sondern nach einer sehr existentiellen Freiheit strebt. Joana »war allein. Sie war verlassen, glücklich, nahe dem wilden Herzen«. Auch ihrer bürgerlichen Gegenspielerin Lídia verleiht Lispector eine ganz eigene Würde. Joana sehnt sich zwischendurch geradezu nach der Ruhe, die von dieser anderen Frau ausgeht:

»Lídia, was immer sie ist, ist unveränderlich, immer mit demselben hellen Fundament. Meine Hände und ihre. Meine – angedeutet, einsam [...]. Lídias Hände – markant, hübsch [...]. Hände, die auf den Dingen ruhen, voller Richtung und Weisheit. Mein ganzes Ich schwimmt, schwebt, durchquert das, was existiert, mit den Nerven, ich bin nichts als ein Wunsch, der Zorn, die Unbestimmtheit, unerfindlich wie die Energie.«

In manchen Passagen wird die Freiheit, die sich mittels Sprache und zugleich, paradoxerweise, jenseits davon eröffnet, direkt spürbar. Über die erste Begegnung zwischen Otavio und Joana heißt es: »Als hätte er Joana erzählt, was er nur im Dunkeln fühlte. Und das Überraschendste an allem war: als hätte sie zugehört und danach verzeihend gelacht – nicht wie Gott, sondern wie der Teufel – und ihm weit die Tore geöffnet, durch die er gehen konnte.«

Nahe dem wilden Herzen war das erste weithin sichtbare Produkt einer neuen Lebensaufgabe: eine Sprache für assoziativ organisierte in-

Clarice und ihr Vater Pedro (ehemals: Pinchas) 1937 im Urlaub in Minas Gerais, São Lourenço.

Als die Zeitung *Folha Carioca* ihre Leserinnen und Leser aufforderte, den besten Roman von 1943 auszuwählen, siegte *Perto do coração selvagem (Nahe dem wilden Herzen)* mit 457 Stimmen. Bemerkenswert, immerhin waren nur 900 Exemplare im Umlauf. Hier das Cover der brasilianischen Erstausgabe.

Clarice Lispectors Studentenausweis der Juristischen Fakultät der Universität in Rio de Janeiro.

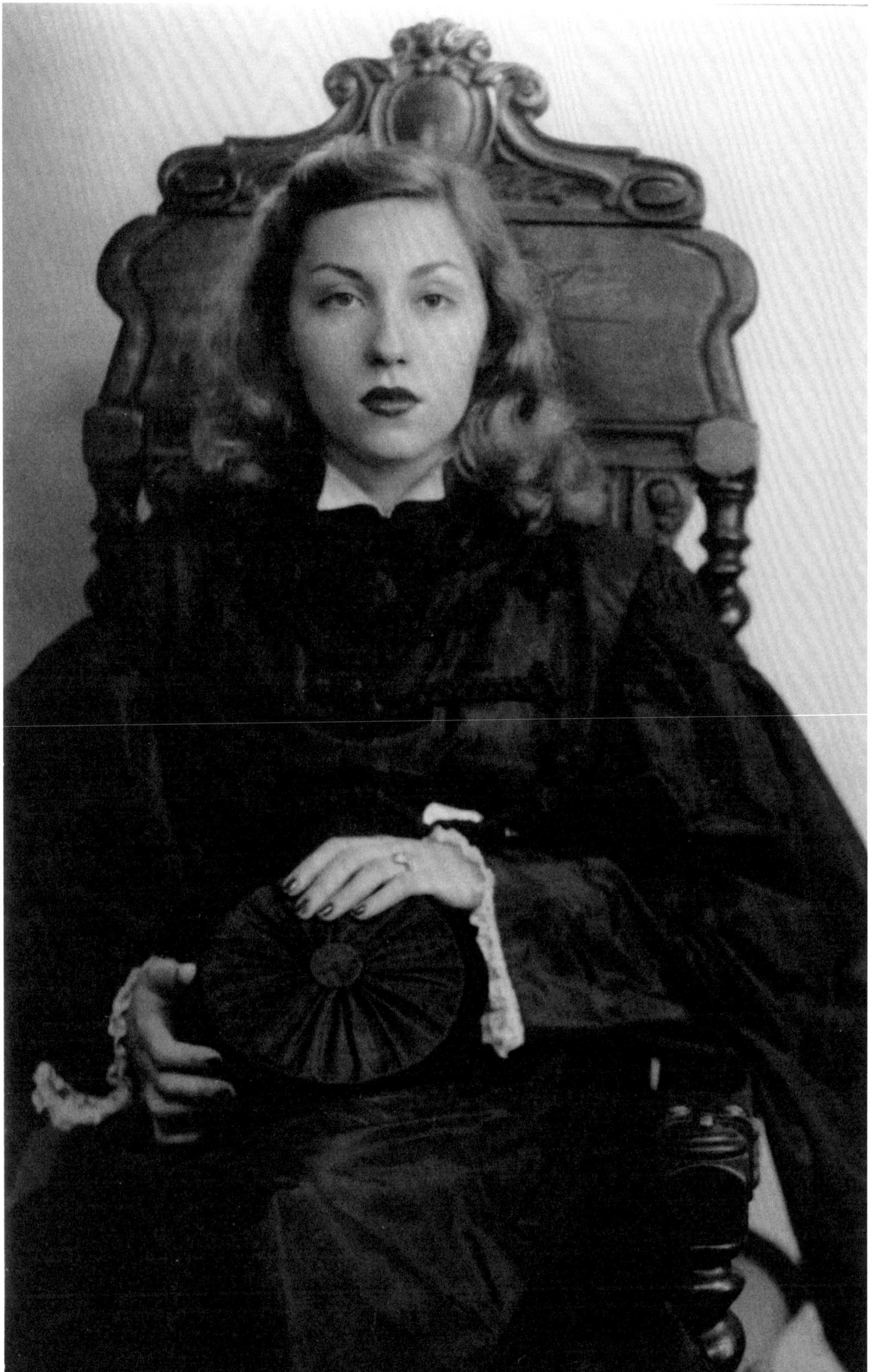

nere Vorgänge zu finden, Bereiche jenseits des Sagbaren zu erschließen. Es ging darum, sich einer in der Gesellschaft etablierten Sprache dichterisch zu entledigen, um zu einer Wahrheit vorzudringen, die nicht sprachlich ist. Clarice Lispector kommentierte einmal: »Wenn mein Leben einen Titel hätte, hieße er: Auf der Suche nach dem Ding selbst.« Mit jedem ihrer experimentierfreudigen Erzähltexte begab sie sich erneut auf diese Suche. Zuletzt schrieb sie den erzähltechnisch ebenfalls innovativen Roman *Der große Augenblick*, in dem ein männlicher Erzähler ungerührt aus dem Leben der mittellosen Macabéa berichtet, einer jungen Frau aus dem armen Nordosten Brasiliens, die in Rio de Janeiro unter die Räder gerät. Ein Text wie ein Schlag ins Gesicht, der wie nebenbei auch das Erzählen selbst auseinandernimmt: »*Der große Augenblick* ist, als würde man während der Aufführung eines Theaterstücks hinter die Bühne gebracht«, schreibt der irische Autor Colm Tóibín, »wo einem gelegentliche Blicke auf die Schauspieler und das Publikum gewährt werden und immer tiefere, intensivere Einblicke in die Mechanismen des Theaters – den Wechsel von Kulissen und Kostümen, die Erzeugung der Illusion – und dabei wird man ständig von Theaterleuten unterbrochen. Und dann hat man den Eindruck, als würde einem beim Rausgehen aus dem Kassenhäuschen ironisch zugeflüstert, diese kurzen Blicke seien die gesamte Aufführung gewesen, mit Sorgfalt und Bedacht zusammengestellt von einem Schriftsteller, der einen von irgendwo ganz nah oder fern nervös beobachtet und möglicherweise existiert oder auch nicht.« Dass Clarice Lispector beim Schreiben nie zur Ruhe gekommen ist, nie ihre Form gefunden und doch immer wieder neue Facetten eines modernen Seelenlebens erfasst hat, ist ihr großes literarisches Verdienst.

Clarice 1943 anlässlich ihres Universitätsabschlusses.

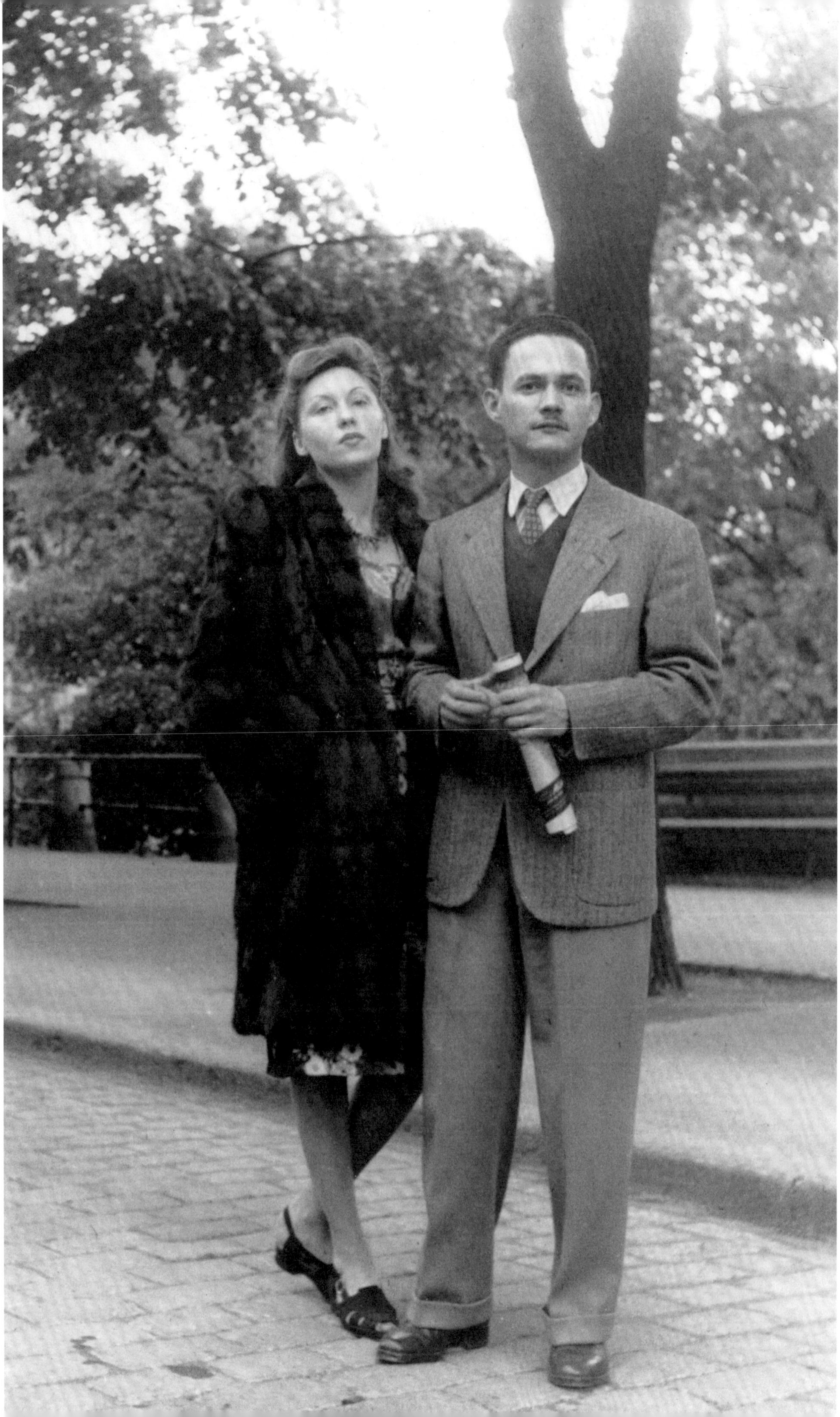

Der Friedhof der Sinneseindrücke

Als ihr gefeiertes Debüt erschien, hatte sie bereits viel erreicht: Als eine von sehr wenigen Frauen hatte sie ein Jurastudium absolviert, war Journalistin geworden – ebenfalls sehr ungewöhnlich im durch und durch machistischen Brasilien der 1940er Jahre. Sie lebte in Rio de Janeiro, das sie liebte, sie stand in engem Kontakt zu ihrer Familie. Jetzt war sie auf dem besten Weg, eine angesehene Autorin zu werden, als vollgültiges Mitglied der brasilianischen Gesellschaft zu gelten. Mit 23! Sie hatte gewissermaßen das Rosenkostüm angelegt und war im Begriff, sich zu schminken. Genau in diesem Augenblick entschied sie, Brasilien zu verlassen.

Einen offensichtlichen Zusammenhang gibt es für diese Entscheidung: Sie hatte einen weiteren, überaus schmerzhaften Verlust erlitten. Ihr Vater war 1940 überraschend gestorben, er sollte sich einer Gallenoperation unterziehen, überlebte den Eingriff aber nicht. Clarice war verwaist und fühlte sich auch so. Im Juni 1941 ging sie ins Krankenhaus, um sich einer Schlafkur zu unterziehen, die ihr gegen eine Depression angeraten worden war. Tania und sie lebten in dieser Zeit bei ihrer älteren Schwester Elisa und deren Ehemann, was belastend gewesen sein muss, die Wohnung war nicht groß, Clarice bewohnte das Dienstmädchenzimmer. In dieser schwierigen Situation machte ihr einer ihrer Kommilitonen aus dem Jurastudium einen Heiratsantrag, ein junger Diplomat, Maury Gurgel Valente. Im März 1942 beantragte sie die brasilianische Staatsbürgerschaft, um ihn heiraten zu können. Im Dezember wurde ihr Antrag bewilligt, aber wohl erst nachdem sie sich an den Präsidenten Getúlio Vargas persönlich gewandt hatte, einen Mann, der mit den Nazis sympathisierte und dem gegenüber Clarice, deren Leben so massiv von Gewalterlebnissen geprägt war, beteuerte, wie gern sie Basilianerin werden wolle. Im Januar 1943 heiratete sie. Ein Jahr später verließen Maury und Clarice Rio de Janeiro und ihr Mann trat die erste Station

Das Ehepaar Clarice und Maury Gurgel Valente in Bern 1946.

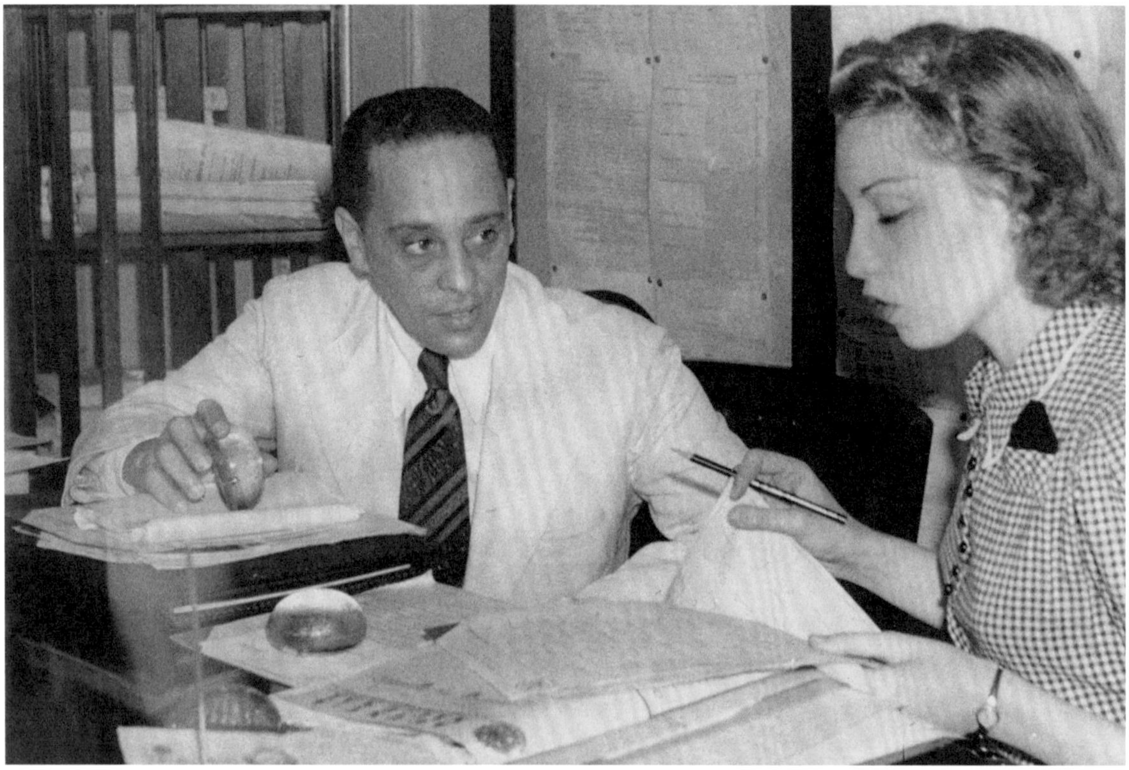

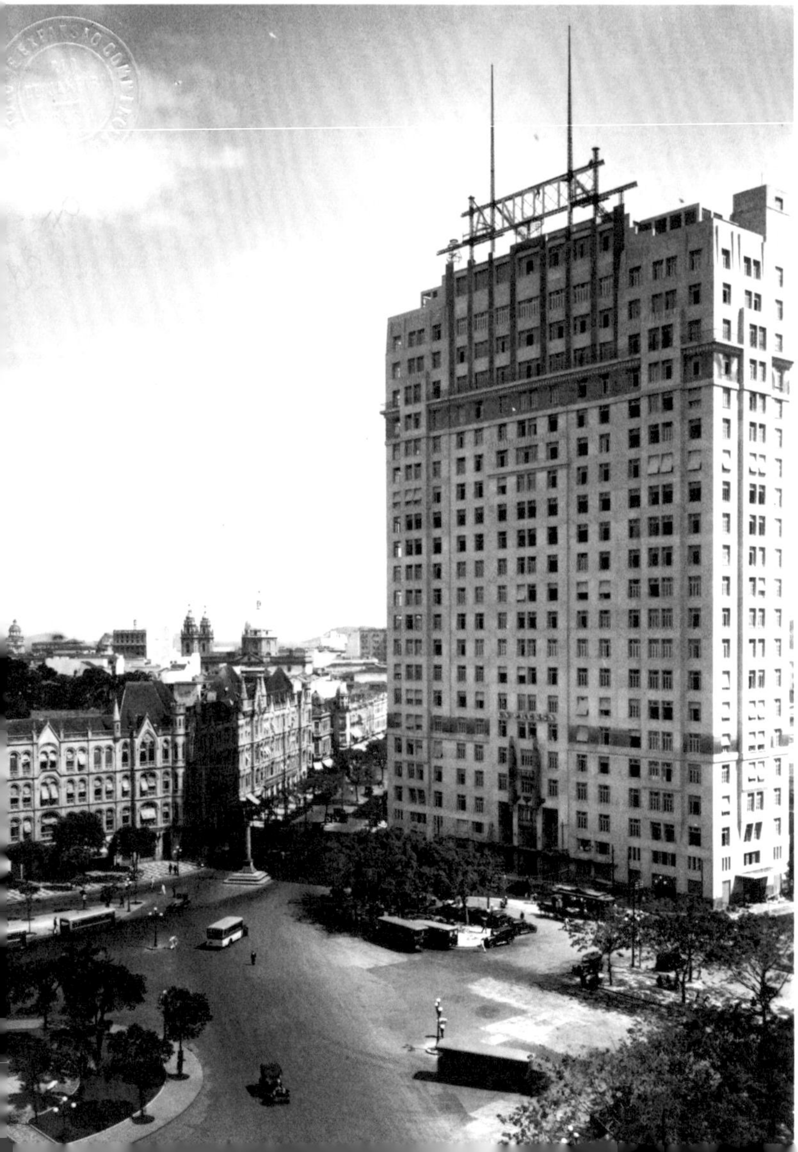

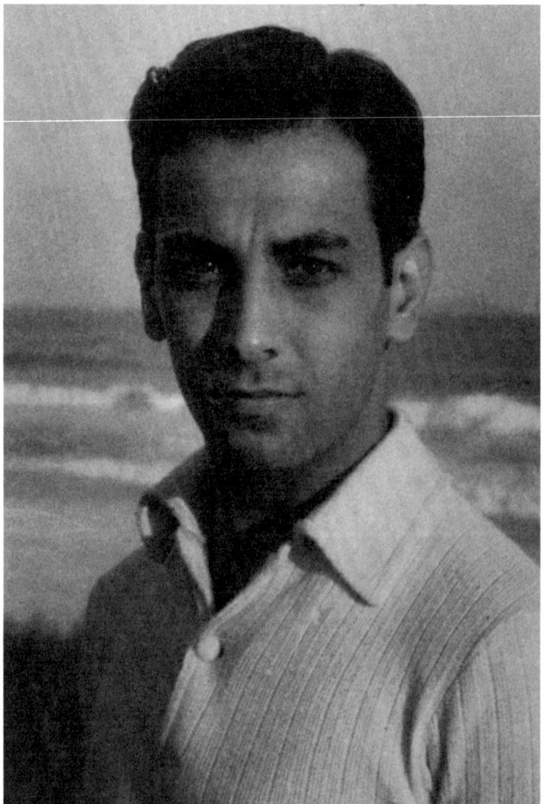

seines diplomatischen Dienstes in Belém do Pará an, von wo aus er zunächst in das kriegszerstörte Neapel, danach nach Bern und später nach Washington versetzt wurde.

Ob es Liebe war, die Clarice Lispector dazu veranlasste, sich für ein Leben als Diplomatenfrau zu entscheiden? Nicht nur das Land zu verlassen, sondern das selbst geschaffene Leben? Vermutlich war es zunächst mehr ein Gefühl von Stabilität, dass Maury ihr vermittelte. Das war nicht wenig. Aber auch bei weitem nicht genug, wie sich herausstellen sollte, denkt man an ihre Unzufriedenheit und die immense Sehnsucht, von der ihre Briefe aus den Jahren des Exils zeugen.

Ihre große Liebe galt in jungen Jahren einem anderen: Lúcio Cardoso, einem Schriftsteller. Clarice hatte ihn 1942 kennengelernt. Nach dem Tod ihres Vaters hatte sie sich eine Arbeit in der nationalen Nachrichtenagentur gesucht. Sie wurde zunächst als Übersetzerin engagiert, dann aber mit Schreibaufträgen und redaktionellen Arbeiten betraut. Ihr Kollege Francisco de Assis Barbosa, damals 28 Jahre alt, erinnert sich so an sie:

»Ein wunderbarer Mensch. Hübsch, attraktiv, aber ohne jede Selbstgefälligkeit. Sie war immer weiß gekleidet. Eine Bluse und ein Rock. Ein Ledergürtel. Das war alles. Flache Schuhe, vielleicht Sandalen. Hellbraunes Haar. Ach, ja, lang, bis zu den Schultern. Ein leichter Akzent, der ihre jüdische Herkunft verriet. Sie lachte viel. Genoss das Leben. [...] Wir unterhielten uns über unsere Arbeiten und lasen zusammen die Gedichtbände, die neu herauskamen: Fernando Pessoa und Cecilia Meireles, Bandeira und Drummond.«

Üblicherweise waren Frauen zu dieser Zeit in Brasilien nur für die expliziten Frauenseiten der Zeitungen und Zeitschriften verantwortlich, sodass Clarices journalistisches Schaffen einen Durchbruch bedeutete, insbesondere, als sie im Februar 1942 zu der Zeitung *A Noite* wechselte, für die sie Interviews führte, Reportagen und Kommentare schrieb. Das bedeutete allerdings nicht, dass sie später, nach ihrer Scheidung, nicht auch Geld damit verdiente, auf eben solchen Frauenseiten Schminktipps zu geben und Cremes zu empfehlen – unter Pseudonym, um ihren literarischen Ruf nicht zu gefährden. »Clarice lernte Lúcio Cardoso in der Nachrichtenagentur kennen«, erinnert sich Francisco de Assis Barbosa. Lúcio, der aus einer Politikerfamilie stammte und Romane veröffentlichte, seit er 22 Jahre alt war und der 1941 – mit 28 – gerade seinen ersten Gedichtband publiziert hatte,

Clarice Lispector im Interview mit dem Journalisten João Duarte Filho am 4. April 1941 in Rio de Janeiro.

Das *A Noite*-Gebäude an der Praça Mauá, Aufnahme um 1930.

Lúcio Cardoso, Aufnahme von 1946.

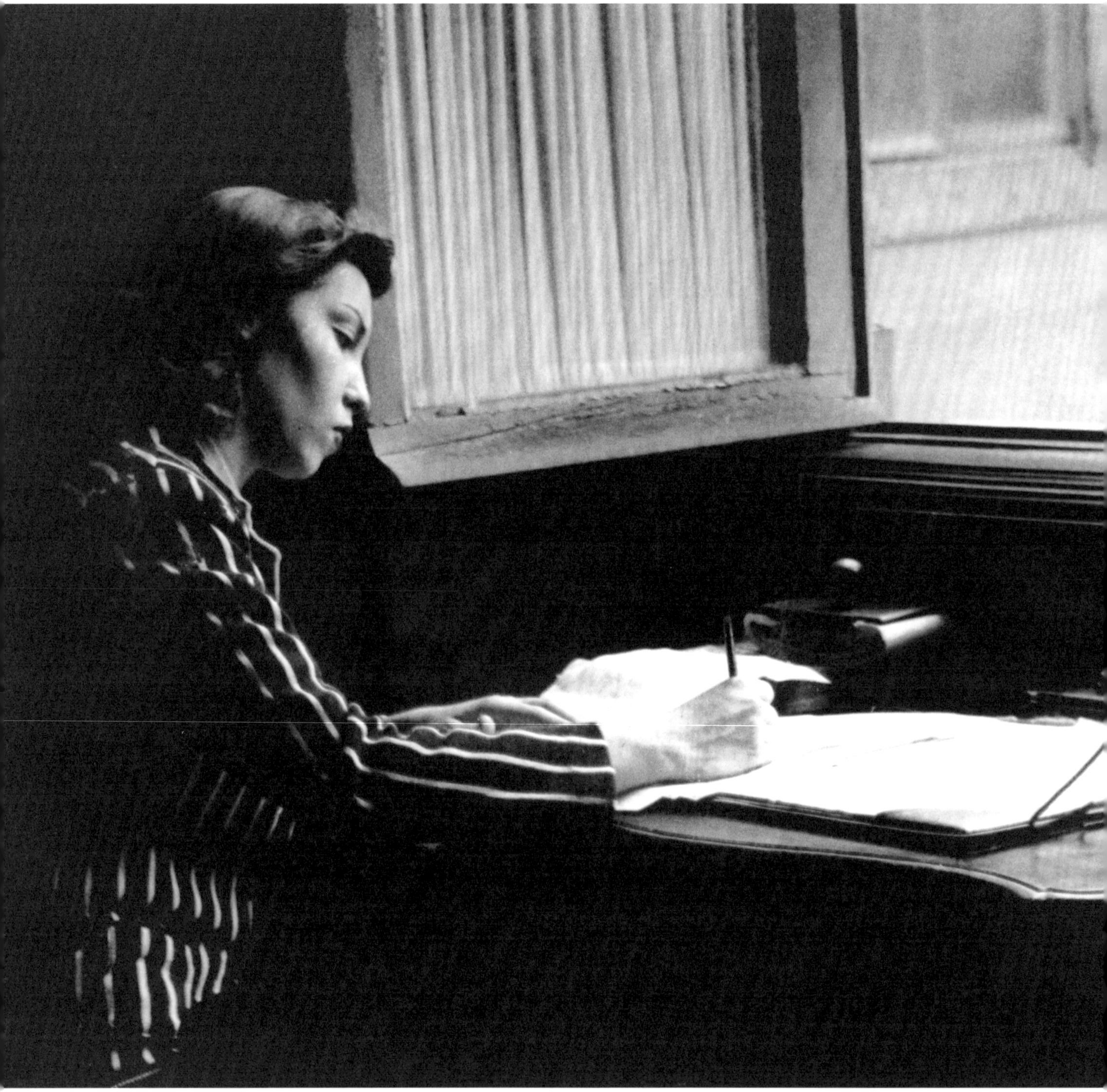

habe sie sehr fasziniert: [...] diese Begegnung war enorm wichtig. Sie hat das Leben der beiden sehr geprägt.« Er habe Clarice darauf hingewiesen, dass Lúcio homosexuell sei. »Ich werde ihn retten, er wird Gefallen an mir finden«, habe sie nur geantwortet. Ein Vorhaben, das zum Scheitern verurteilt war, wie sie sich bald eingestehen musste.

Mit dem Entschluss, Maury nach Europa zu begleiten, verlor die junge Clarice nicht nur ihre schwer errungene Heimat und ihre Schwestern, ihre Arbeitsumgebung und ihre Netzwerke als angehende Schriftstellerin, sie ließ auch ihren Seelenverwandten Lúcio zurück, dem sie fortan regelmäßig schrieb. Unterdessen versuchte sie, in ihr Leben als Ehefrau und Mutter zu finden und dabei trotzdem ihr schriftstellerisches Werk fortzuführen. Sie schrieb in den Jahren im Ausland mehrere Romane, gewissermaßen das Fundament ihres späteren Erfolgs in Brasilien. Und bei offiziellen Anlässen verkörperte sie die elegante Frau des Diplomaten. Doch auch die Fotos aus dieser vermeintlich idyllischen Zeit lassen die Kehrseite der damit verbundenen Lebensgeschichten erahnen. Denn mit Maury lief es in der neuen Umgebung nicht gut: Er fühlte sich zu anderen Frauen hingezogen, worunter sie schon in den ersten Jahren litt, als er diesen Impulsen noch nicht nachging. Sie hielt sich an ihr literarisches Werk, dem ihre Lebensumstände paradoxerweise guttaten. Dass sie als Diplomatenfrau keine Verpflichtung hatte, selbst Geld zu verdienen und sich dem Schreiben widmen konnte, auch als die beiden Kinder geboren waren, war ein Privileg, das sicher mit dafür verantwortlich war, dass Clarice Lispector überhaupt ein so umfangreiches Werk geschaffen hat.

In ihrer Auseinandersetzung mit den Konflikten, die all die verschiedenen Rollen mit sich brachten, beteuerte sie gern, sie sei in erster Linie eine einfache Hausfrau und Mutter, die nicht auf Distanz geht, sondern ihre Mitmenschen nähren kann – dies war ein hohes Ideal von Clarice, vielleicht das in dieser Phase ihres Lebens am meisten ersehnte. Auch im Schreiben ging es ihr um die Nähe zum Leben selbst, zu einer Essenz des Lebendigen. Jahre später sagte ihr Guimarães Rosa, der andere große Erneuerer der brasilianischen Literatur dieser Zeit: »Ich lese Sie nicht um der Literatur, sondern um des Lebens willen.« Nichts konnte Clarice glücklicher machen.

Clarice im Palácio de Itamaraty in Rio de Janeiro, wo sich das DIP, die Nationale Nachrichtenagentur Brasiliens, befand. Foto vom 14. Juni 1941.

Im Bern der Nachkriegsjahre allerdings war Clarice kreuzunglücklich. Ein »Friedhof der Sinneseindrücke« sei die Stadt, schrieb sie den Schwestern. Um den Jahreswechsel 1946/47 fasste sich eine Freundin,

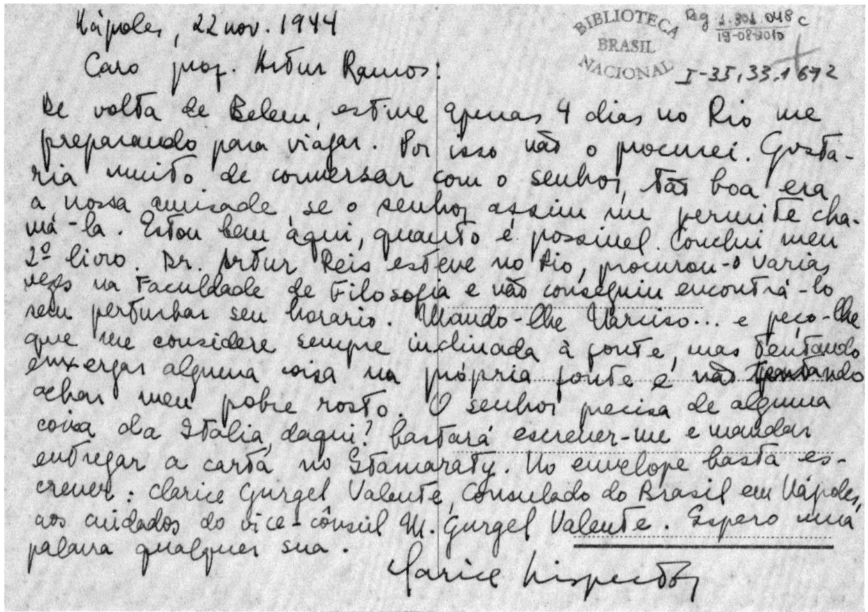

Nápoles, 22 nov. 1944

Caro prof. Artur Ramos:

De volta de Belém, estive apenas 4 dias no Rio me preparando para viajar. Por isso não o procurei. Gostaria muito de conversar com o senhor, tão boa era a nossa amizade se o senhor assim me permite chamá-la. Estou bem aqui, quanto é possível. Concluí meu 2º livro. Dr. Artur Reis esteve no Rio, procurou-o várias vezes na Faculdade de Filosofia e não conseguiu encontrá-lo sem perturbar seu horário. Mando-lhe Narciso... e peço-lhe que me considere sempre inclinada à fonte, mas tentando enxergar alguma coisa na própria fonte e não tentando achar meu pobre rosto. O senhor precisa de alguma coisa da Itália, daqui? bastará escrever-me e mandar entregar a carta no Itamaraty. No envelope basta escrever: Clarice Gurgel Valente, Consulado do Brasil em Nápoles, aos cuidados do vice-cônsul M. Gurgel Valente. Espero uma palavra qualquer sua.

Clarice Lispector

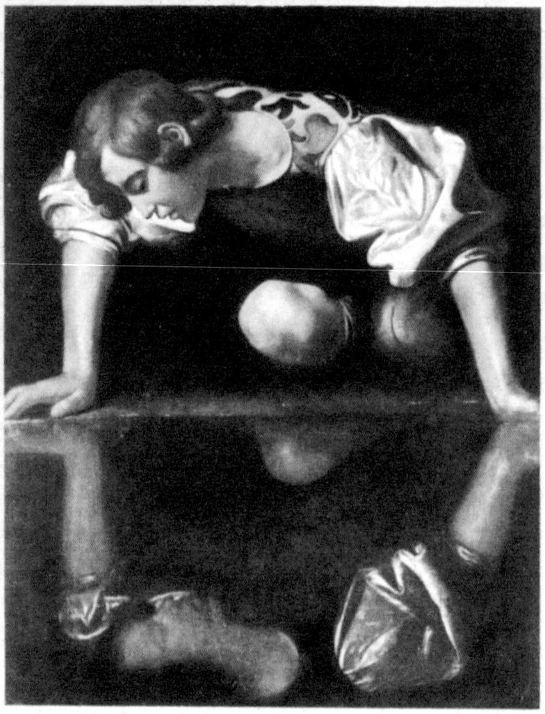

13. E. Richter - Roma

ROMA - CARAVAGGIO: Narciso al fonte
(Galleria Nazionale d'Arte Antica)

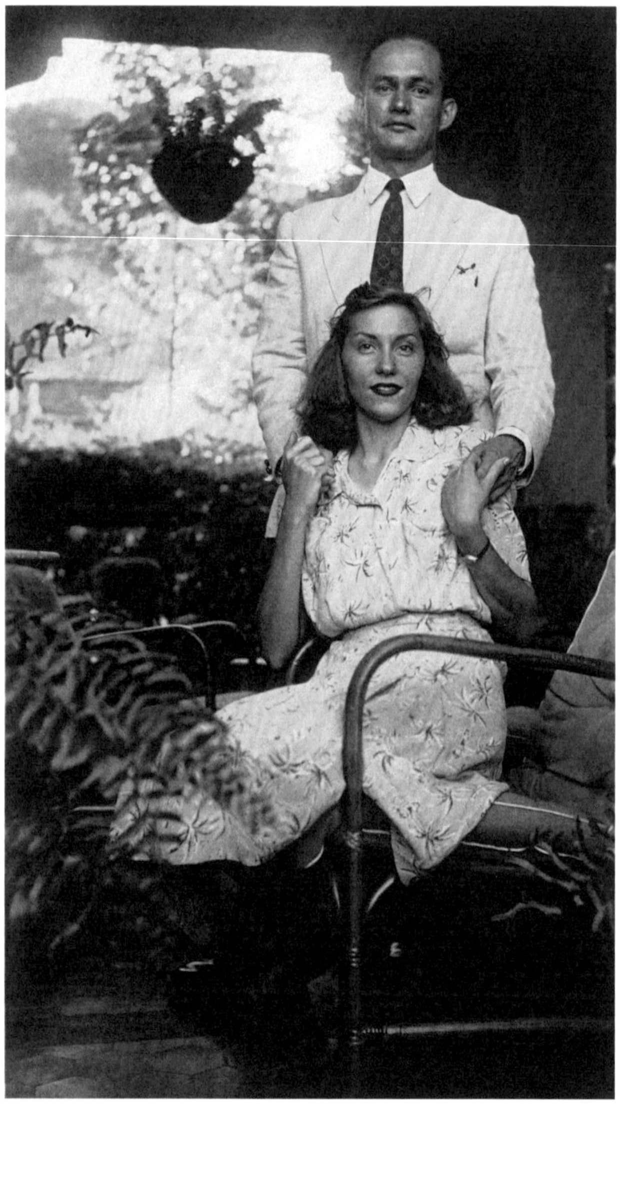

die sie in der Schweiz besuchte, ein Herz und fragte: »Du warst doch mal ganz anders, oder?« Sie hatte Clarice immer als so glühend und pulsierend, so voller Leben empfunden. Nun, in der Schweiz, sei ihr durch den Sinn gegangen: Entweder ist diese übermäßige Ruhe eine Pose, oder Clarice hat sich so sehr verändert, dass man sie fast nicht wiedererkennt.

Tatsächlich war es die Stille in Bern, die ihr zu schaffen machte. Es fehlte an lebendigem Austausch, die Leute waren ihr zu neutral, zu unscheinbar. Auch die diplomatischen Kreise, in denen sie verkehrte, entsprachen ihr nicht. Sie empfand deren Existenz als völlig außerhalb der Wirklichkeit, sie litt darunter, dass es so gut wie keinen persönlichen Umgang gab. Von einem Treffen bei einem Schweizer Botschafter berichtete Clarice, sie habe sich ständig zusammenreißen und den Mund halten müssen, weil alles, was sie hätte sagen wollen, allzu »originell« geklungen und die Frau Botschafterin erschreckt hätte. Sie beklagte sich überhaupt über eine »Originalitätspanik« ihrer Gesprächspartner, denen gegenüber sie sich als Diplomatenfrau ständig zurückhalten müsse.

Von all den Lügen und Ausweichbewegungen, die nötig waren, um die Meinungen ihrer Gesprächspartner nicht in Frage stellen zu müssen, fühlte sie sich wie »gelähmt« – ein gerade vor dem Hintergrund von Clarices Lebensgeschichte erschreckendes Stichwort. Sie war so niedergeschlagen wie nie zuvor in ihrem Erwachsenenleben: »Denk nicht, ein Mensch sei so stark, dass er irgendein beliebiges Leben führen und dabei er selbst bleiben kann«, schrieb sie an ihre Schwester Tania im Januar 1947.

Clarice versuchte, der immensen inneren Spannung sowie der Untätigkeit, in die sie in ihrer Wohnung in der Gerechtigkeitsgasse in Bern verfiel, entgegenzutreten. In Neapel, der ersten Station Maurys in Europa (1944–46), half sie bei der Versorgung der im Krieg verwundeten brasilianischen Soldaten und hatte dabei eine zwischenmenschliche Resonanz, eine eigene Handlungsfähigkeit erlebt, die sie angesichts der Isolation, in der sie sich befand, dringend benötigte. Der Krieg hatte sie zutiefst verstört, sie fühlte sich vollkommen unfähig, sich »der Kriegssituation« zu stellen, »der Lage der Menschen, diesen Tragödien«. Zumindest aber hatte sie etwas tun können.

In der Schweiz dagegen, wo sie vom Roten Kreuz als Mitarbeiterin abgelehnt wurde, fiel es Clarice immer schwerer, zu arbeiten. Ihr

»Wenn ich mich in der Tiefe des Spiegels erblicke, erschrecke ich. Ich kann kaum glauben, dass ich Grenzen habe, umrissen und festgelegt bin.« (*Nahe dem wilden Herzen*)
Postkarte von Clarice Lispector mit Caravaggios *Narziss* an den brasilianischen Anthropologen Arthur Ramos vom 22. November 1944, aus der hervorgeht, dass sie ihr zweites Buch fertiggestellt hat.

Clarice mit ihrem Mann Maury Gurgel Valente, den sie im Jahr der Veröffentlichung ihres Romans *Perto do Coraçao Selvagem* 1943 geheiratet hatte.

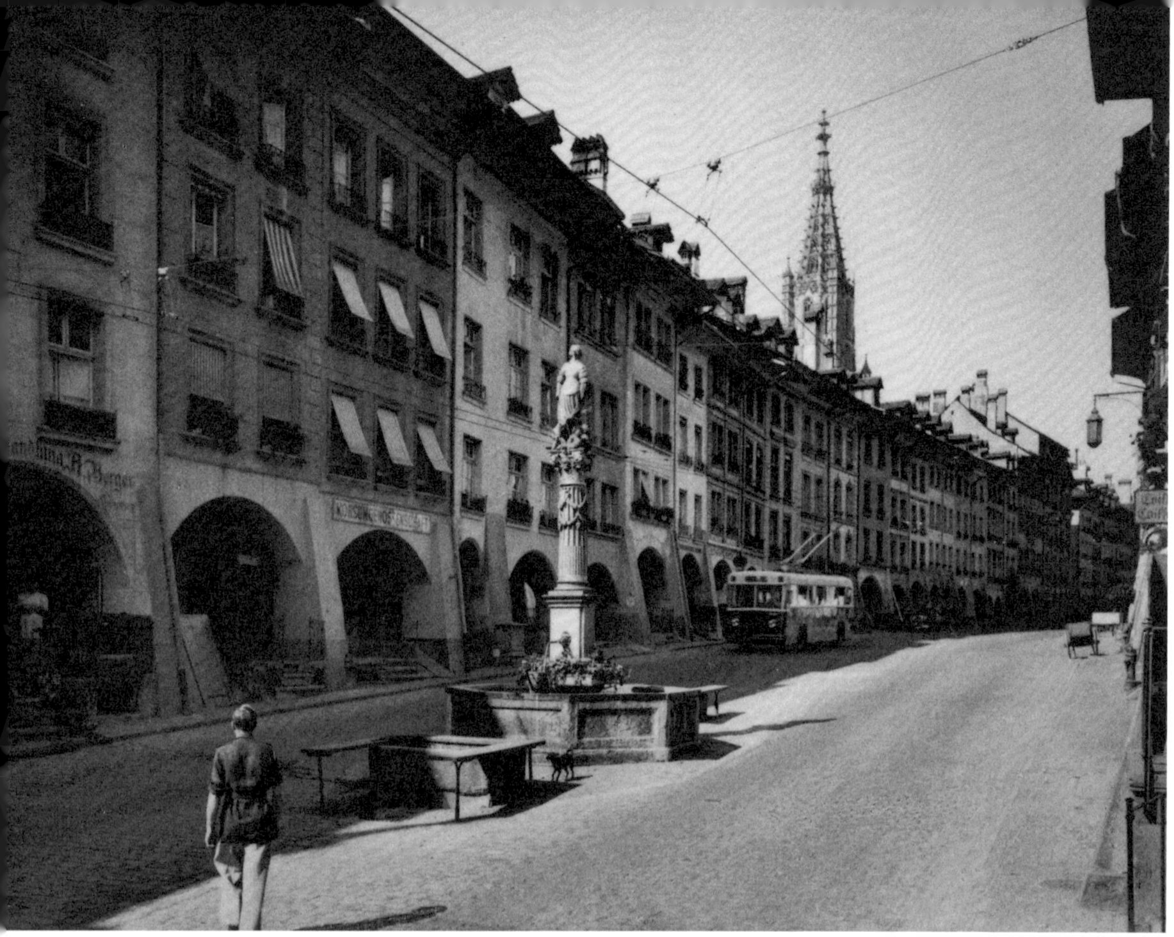

Die Gerechtigkeitsgasse in Bern, Aufnahme zwischen 1930 und 1940.

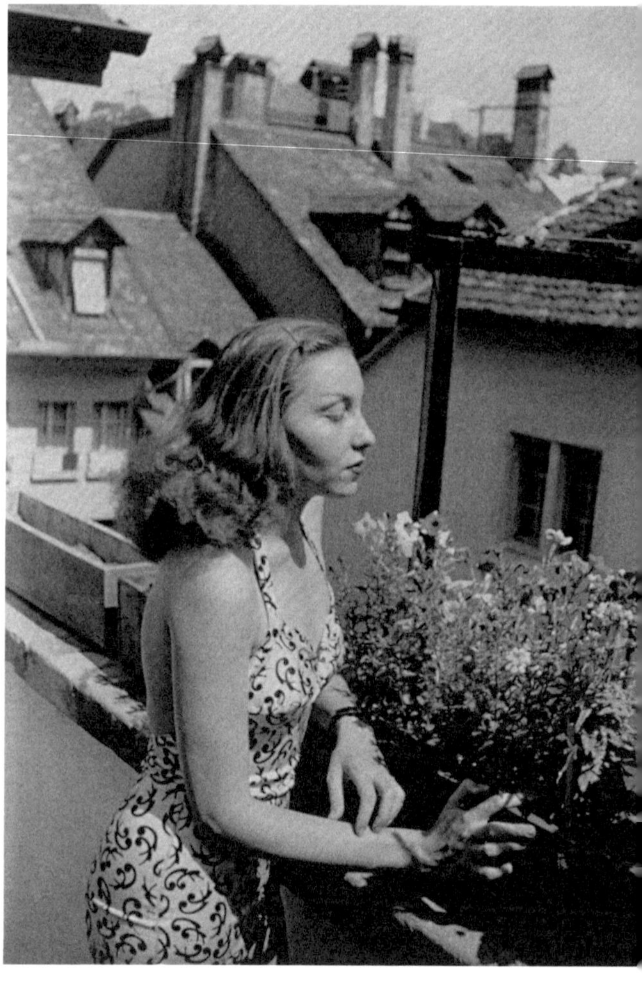

Clarice Lispector auf dem Balkon ihrer Wohnung in Neapel, um 1944.

einziges Lebenselixier scheint der Austausch mit ihren Schwestern und den Freunden in Brasilien gewesen zu sein, die sie beständig anflehte, ihr möglichst bald zu schreiben. In Brasilien erschien ihr zweiter Roman *Der Lüster*, blieb aber ohne Resonanz. Den dritten Roman bezeichnete sie später als ihre Rettung aus der Berner Krise; ohne die Arbeit an ihm hätte sie es schlichtweg nicht ausgehalten. In dem Buch *A cidade sitiada (Die belagerte Stadt)* wird die äußere Welt ungewöhnlicherweise mehr zum Thema als das Seelenleben der Figuren. War ihr das literarische Leben und Schreiben bislang eine Zuflucht gewesen, in der sie zu sich selbst kommen konnte, blieb ihr auch dieser Weg zunehmend versperrt. »Ich arbeite nicht mehr, Fernando«, schrieb sie einmal an den Freund Fernando Sabino. »Ich verbringe die Tage damit, so gut es geht meine Beklemmungen zu überlisten.« Fernando Sabino schrieb ihr: »Ich stimme Dir nicht zu, dass Du zur Künstlerin berufen bist, weil Du ›ein unglückliches und irres Temperament‹ hast. Ich setzte große, enorme Hoffnung in Dich, und ich habe bereits gesagt, dass Du uns allen vorausgeeilt bist, hinaus durch das Fenster, viel weiter als wir alle. Ich kann nur inständig hoffen, dass Du nicht so weit vorrückst, dass Du an der anderen Seite hinunterfällst. Man muss immer ein Gleichgewicht finden.«

Ähnlich mag es auch ihr Berner Therapeut Ulysses Girsoler gesehen haben, denn er notierte über den Gemütszustand seiner Patientin: »Wir sehen, dass sich ihr Gefühlsleben von einem Extrem (Impulsivität) über die ganze Spannbreite hinweg zum anderen Extrem (Subtilität, Sensibilität, Fähigkeit, alle denkbaren Emotionen, die anderen Menschen eigen sind, zu spüren) ausdehnt. Für einen solchen Charakter wird es sehr schwierig sein, ein Gleichgewicht zu finden [...]. Dieser depressive Zustand geht häufig in eine melancholische Ausdrucksform über, doch nie für einen längeren Zeitraum, denn das Pendel schlägt bald wieder zur Seite der Vitalität hin aus.«

Schwierigkeiten mit dem inneren Gleichgewicht hatte indes nicht nur Clarice Valente, sondern auch ihr Therapeut, der sich derart leidenschaftlich in seine Patientin verliebte, dass er beschloss, die Stadt zu verlassen. Er sollte einer von mehreren Psychologen in ihrem Leben sein, denen es nicht gelang, die nötige therapeutische Distanz zu ihr zu wahren.

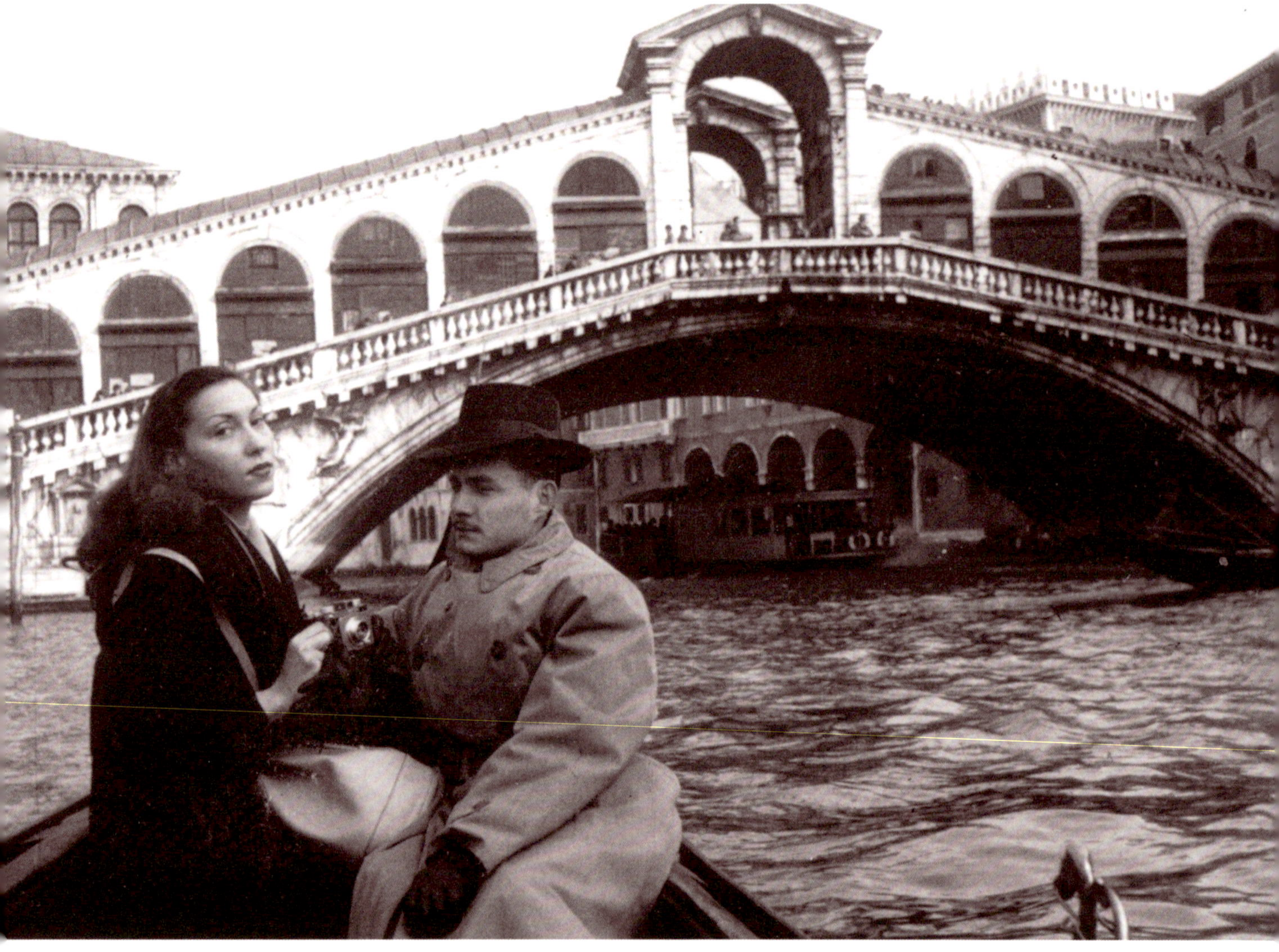

Vom *Room of one's own* in den Salon

Am 10. September 1948 kam Pedro zur Welt, der erste von zwei Söhnen. In Clarices Briefen taucht die Frage mehrfach auf: Wenn sie wählen müsste, zwischen der Literatur und der Mutterschaft, was täte sie? Ihre Antwort an sich selbst: Die Mutter Clarice sei wichtiger als die Autorin. Clarice Lispector wusste, was es bedeutete, die Mutter entbehren zu müssen, die traumatische Erfahrung ihrer frühen Jahre ist nicht zu trennen von dieser Aussage. Aber warum sollte sie wählen? Bei allem Unglück, das ihr das Leben als Frau eines Diplomaten fern von Brasilien, fern von ihrer Familie, ihren Freunden und ihrem Beruf als Journalistin einbrachte, die Möglichkeit zu Schreiben hatte sie. Immerhin gab es eine Kinderfrau und eine Köchin. Sie war nie reich; Maury und sie hatten gerade in der Phase mit den beiden kleinen Kindern durchaus Geldsorgen und nahmen etwa einen Kredit auf, um den mit der Geburt des zweiten Sohnes Paulo verbundenen Krankenhausaufenthalt bezahlen zu können. Aber sie musste nicht arbeiten, um Geld zu verdienen, sie hatte die privilegierte Situation, von der viele Autorinnen und Autoren träumen: *A room of one's own* – und Zeit zum Schreiben. Doch was tat sie? Sie zog um in den Salon, um immer für die Kinder präsent zu sein und sie so wenig wie möglich der Kinderfrau zu überlassen, nahm ihre Schreibmaschine auf den Schoß und schrieb. Ihr älterer Sohn hasste das, der jüngere bat sie, auch für ihn zu schreiben, woraus die erste von mehreren Erzählungen für Kinder entstand.

Auch wenn sie in Europa später als feministische Autorin kanonisiert wurde, tat Clarice Lispector viel dafür, die symbolischen Rollen zu erfüllen, die als feminin galten. Die althergebrachte Verteilung zwischen den Geschlechtern war in ihrer Umgebung noch sehr präsent: den Frauen die Mutterschaft, den Männern die geistige Schaffenskraft. Schöpferischen Frauen, Schriftstellerinnen haftete schnell etwas an, das ihre Weiblichkeit in Frage stellte. Doch mit dem tief ver-

Maury und Clarice 1947 an der Rialto-Brücke in Venedig.

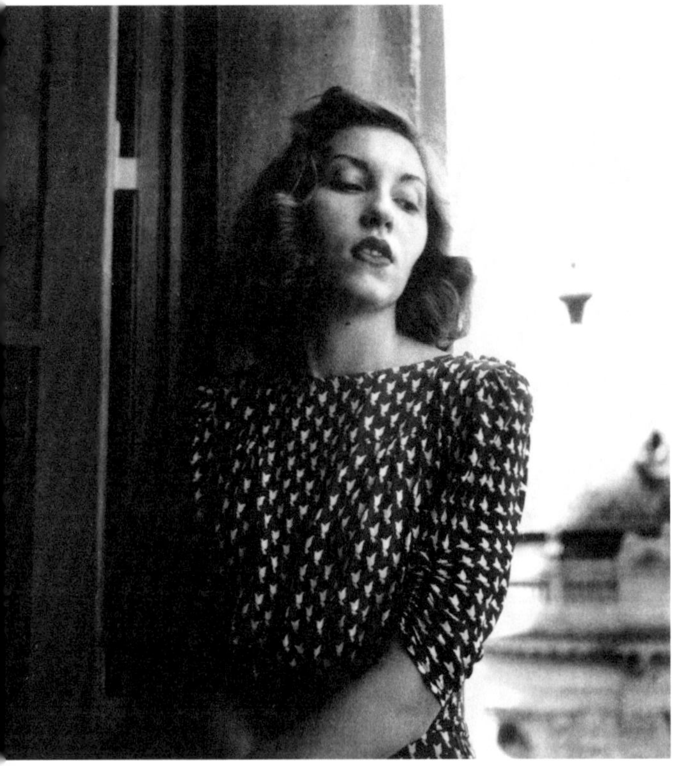

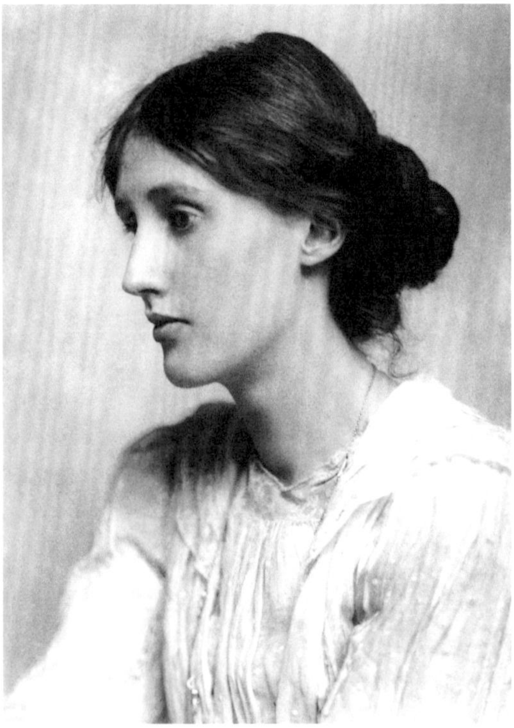

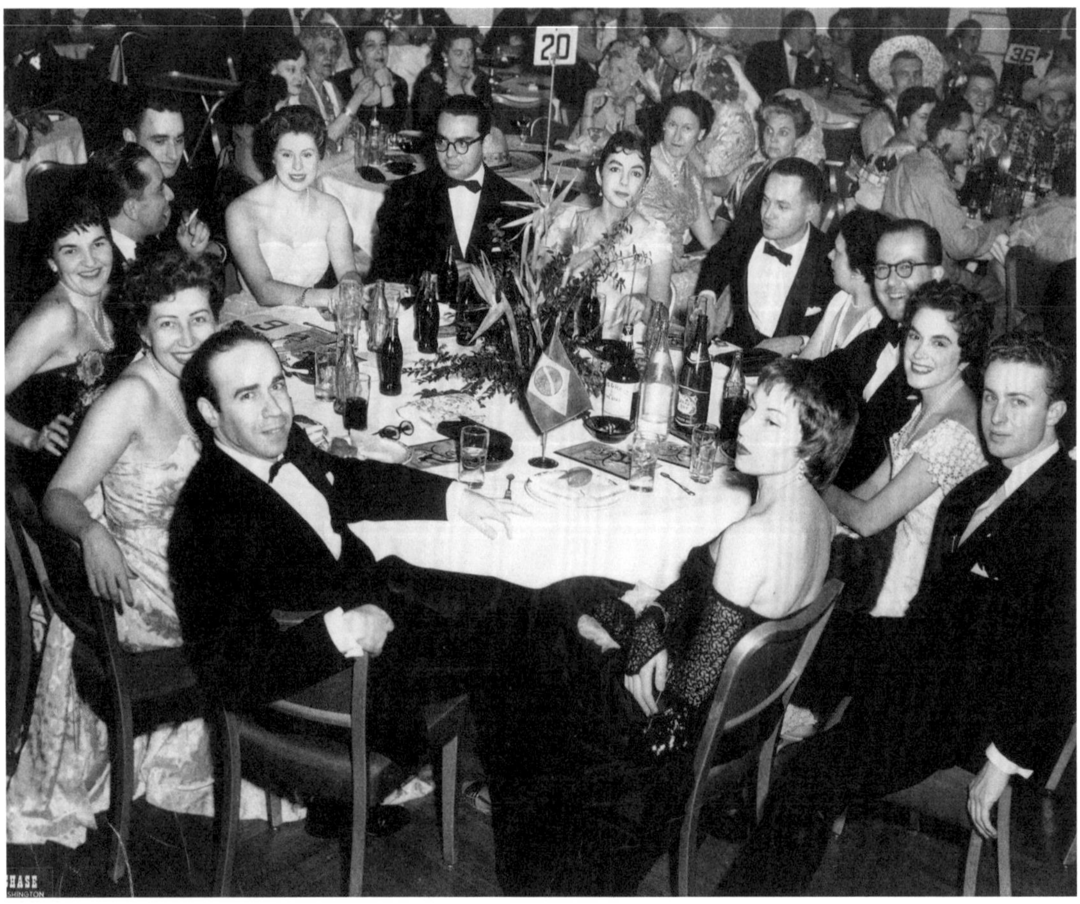
20
36

ankerten Verlangen, geliebt und begehrt zu werden, das Clarice auch ausmachte, konnte sie auf die beständige Bestätigung ihrer Weiblichkeit nicht verzichten.

Sie insistierte, sie sei keine Intellektuelle. Ihr Zugang zum Schreiben habe nichts mit Intelligenz oder Bildung zu tun und speise sich nicht aus einem klassischen Kanon der Weltliteratur. Sie nutze die Intuition, den Instinkt. Dieses Körperliche, das Animalische war ihr sehr wichtig. Sie habe nie strategisch eine Autorenkarriere verfolgt, jahrelang habe sie nur Kriminalliteratur gelesen. Diejenigen, die sie aufgrund solcher Aussagen für eine »primitive Künstlerin« hielten, verschätzten sich jedoch. Nachdem ihr Debüt erschienen war, hatte sie sich durchaus mit den vielen Vergleichen auseinandergesetzt, mit denen die Literaturkritik sie versah. Einem Kritiker, Alvaro Lins, hatte sie sogar persönlich geschrieben, um richtigzustellen, dass sie, als sie das Buch schrieb, weder Joyce noch Proust noch Virginia Woolf kannte, »hätte ja nur noch gefehlt, dass mich dieser Mistkerl deren Handlungsreisende nennt«, schimpfte sie in einem Brief an ihre Schwester Tania. Nichtsdestotrotz holte sie diese Lektüren sehr bald schon nach. Während ihrer ersten Monate mit Maury in Bélem do Pará las sie Sartre, Rilke, Proust, Rosamond Lehmann, Flaubert und nicht zuletzt Virginia Woolf.

Lektüren indes gab es viele: In ihrer Jugend hatten sie insbesondere Hermann Hesse und Katherine Mansfield begeistert, neben der zeitgenössischen brasilianischen Literatur widmete sie sich Tschechow. Die Bibel spielt für ihr Werk früh eine zentrale Rolle. Die Gedankenwelt des jüdischen Mystizismus, die insbesondere ihr Vater ihr vermittelte, hat, gerade was ihre Auseinandersetzung mit dem Göttlichen betrifft, Spuren in ihrem Schaffen hinterlassen. Eine intensive Rezeption der Naturphilosophie Spinozas prägte schon vor dem Debüt ihr Weltverständnis. Virginia Woolf wurde, nachdem sie ihr Werk gelesen hatte, zwar zu einer Referenzautorin, gerade weil sich Clarice so intensiv mit männlichen und weiblichen Rollen beschäftigte und in Erwägung zog, dass Woolfs von Coleridge entlehnte Aussage, der Schöpfergeist sei androgyn, auch für sie von Wert sein könnte. Andererseits verwehrte sie sich gegen den Vergleich mit Woolf, der das Eigene ihrer Literatur und ihrer Person verdeckte. Nicht zuletzt wies sie ihn von sich, weil Woolf, die ebenfalls von traumatischen Kindheitserlebnissen geprägt war und zudem unter schweren Depressionen litt, sich das Leben nahm: »Die furchtbare Pflicht ist, bis ans Ende zu gehen.«

Clarice Lispector 1944 in Rio de Janeiro.

Virginia Woolf 1902.
Foto von George Charles Beresford.

Karnevalsball im Mayflower Hotel in Washington im Winter 1955, Clarice Lispector mit Freunden und Diplomaten: zu ihrer Rechten Philip Stryker (ein amerikanischer Mitarbeiter der Organization of American States), Maria Eugênia Soutello Alves (genannt Maru), George Alvares Maciel, Zilah Mafra Peixoto, Maury Gurgel Valente, Clarissa Veríssimo, Lauro Soutello Alves, Florita Bellé, der Leutnant der Amerikanischen Navy Dow Lorenzo Brent, Paulus da Silva Castro, Arlette Müller, Daisy Müller Alvares Maciel sowie Eberaldo Abílio Telles Machado.

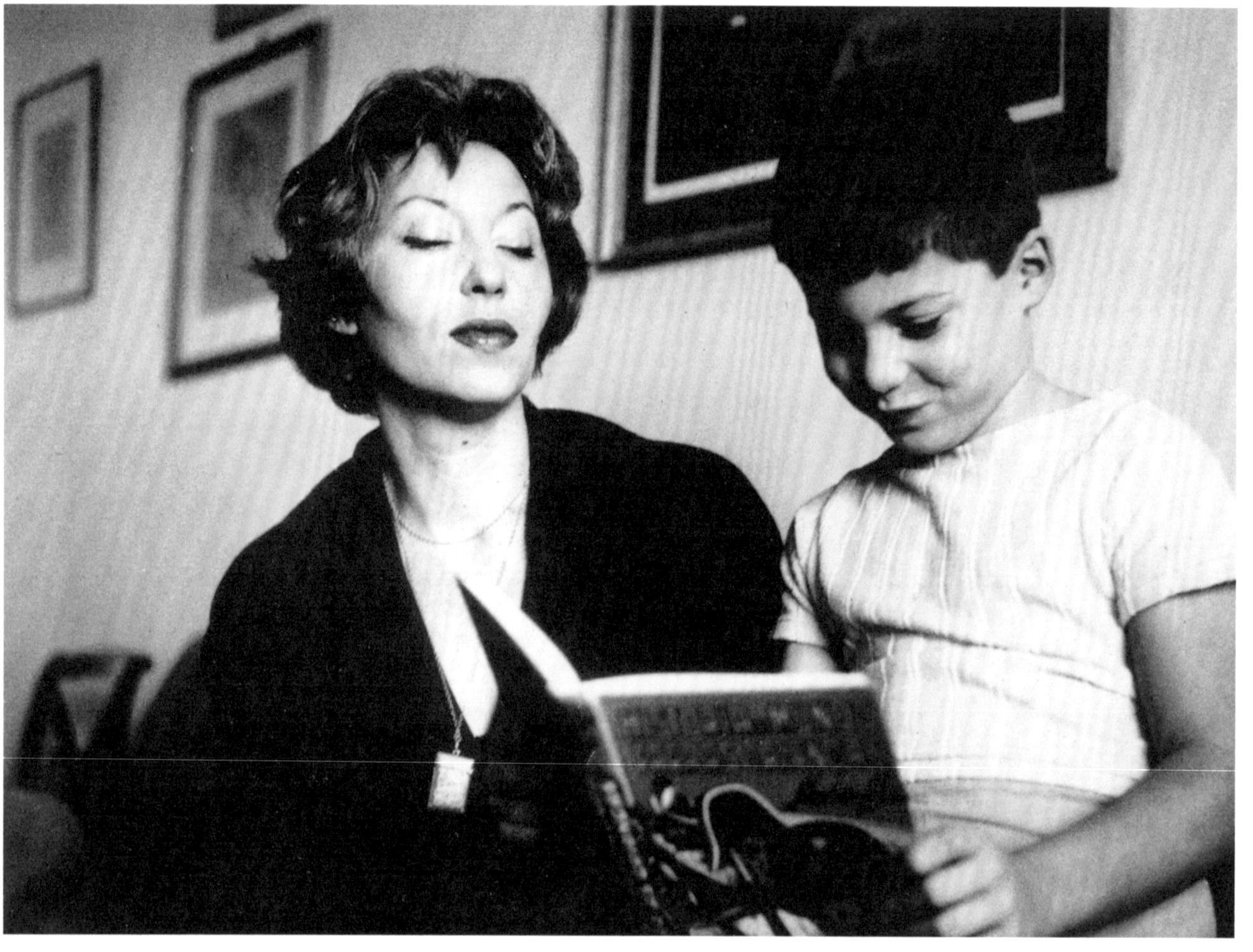

Clarice Lispector mit ihrem Sohn Paulo,
Anfang der 60er Jahre.

Neben Missverständnissen um ihre Person, die sich in den Vorstellungen von der »primitiven Künstlerin« oder einer zweiten Virginia Woolf äußerten, entstanden in diesen Jahren – vor allem im Ausland, insbesondere in Frankreich – auch Missverständnisse um ihre Literatur. Dass man lateinamerikanischen Autoren im hegemonialen französischen Verlagswesen dieser Jahre gern die eigenen Maßstäbe anlegte, sich bei Übersetzungen sehr viel mehr an den Konventionen der französischen Hochsprache orientierte als am Originaltext und damit wichtige Charakteristika solcher Texte beschädigte, beschäftigte in diesen Jahren auch andere Autoren, zum Beispiel den Argentinier Julio Cortázar oder den Kubaner José Lezama Lima. Aber eine solche Katastrophe wie Clarice Lispector erlebte kaum jemand sonst. Ihr miserabel übersetzter Debütroman erschien 1954 in vollkommen entstellter Form bei Plon in Paris – und das trotz eines entsetzten Briefes an den Verleger Pierre de Lescure, mit dem Clarice noch zu retten versucht hatte, was nicht mehr zu retten war. Ein Desaster!

Ein internationaler Erfolg stellte sich erst ein, als sich in den 1970er Jahren erstmals ein ausländischer Verlag ihrem gesamten Werk widmete: *Éditions des femmes* in Paris. Dass es ein Frauenbuchverlag war und dass zudem die französische Literaturtheoretikerin Hélène Cixous in einem von Clarice Lispectors Texten das Paradebeispiel für »Weiblichkeit in der Schrift« sehen wollte, hat die postume Aufnahme in den klassischen Kanon durch andere Verlage allerdings erschwert.

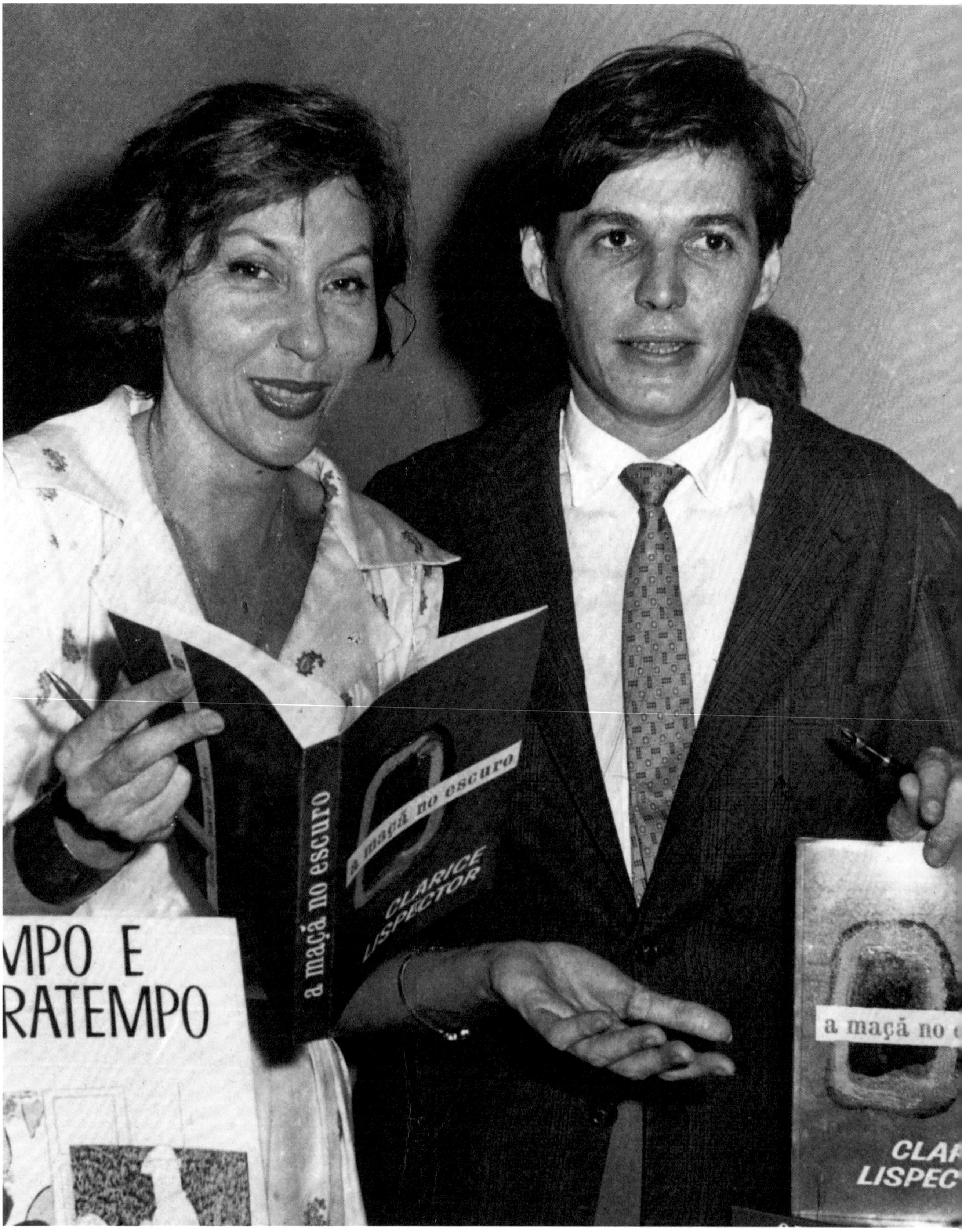
a maçã no escuro
CLARICE LISPECTOR

Eine Dame bei *Senhor*

Der brasilianische Sänger und Bossa Nova-Begründer Tom Jobim 1961 zusammen mit Clarice Lispector. »Da unser künstlerisches Klima in den letzten vier Jahren so radikal umgeschlagen ist, sind wir vorbehaltlos bereit, sie [...] als eine der besten brasilianischen Schriftstellerinnen aller Zeiten anzuerkennen« hatte ein Journalist am 2. September 1960 im *Jornal do Brasil* über Clarice geschrieben.

Jahrelang hatte Clarice auch in Brasilien um Publikationsmöglichkeiten kämpfen müssen. 1959 kehrte sie nach Rio de Janeiro zurück, zu einer Zeit, als sich nach langer Durststrecke erstmals wieder ein gewisses Interesse an ihrem Werk abzeichnete. Insbesondere zwischen 1956 und 1958 muss sie sehr unter ihrer Isolation und der so mühseligen Verlagssuche gelitten haben. Am 12. Juli 1956 schrieb sie an Fernando Sabino: »Ich erlebe gerade etwas sehr Unerfreuliches. Je mehr Zeit vergeht, desto mehr bekomme ich das Gefühl, dass ich an keinem Ort lebe, und dass kein Ort ›mich will‹.« Seit ihrem Erfolg mit dem Debütroman waren viele Jahre vergangen, man hatte sie selbst in Brasilien fast völlig vergessen, ihre späteren Romane waren kaum wahrgenommen worden. Diese Situation änderte sich 1958 ein wenig, als sie eine Anfrage von dem jungen Journalisten Nahum Sirotzky erhielt, der eine neue Kulturzeitschrift herausbringen wollte: *Senhor*. In Abgrenzung zu bestehenden Zeitschriften wie *Dom Casmurro* und mit Blick auf die großen ausländischen Organe wie den *New Yorker* sollten dort, so schwebte es Sirotzky vor, Texte redigiert werden.

Clarice Lispector war seit der ersten Ausgabe 1961 regelmäßig im *Senhor* vertreten: Sie schrieb eine Kolumne für jedes Heft. Diese fruchtbare und intensive Zusammenarbeit mit der Redaktion ist nicht zuletzt auf ihre Arbeitsweise, auf ihr Verhältnis zu ihren Texten und ihre Offenheit für Überarbeitungen und Ergänzungen zurückzuführen. Paulo Francis, Redakteur der Kulturzeitschrift, hielt fest: »Clarice reagierte völlig normal und schrieb manchmal Passagen um, die, wie sie einräumte, unklar waren. In der brasilianischen Literatur ist das tabu … man rührt die Texte der großen Namen nicht an.« Im Vergleich zu den bisherigen Konventionen in der brasilianischen Verlagsbranche und den ganz konkreten Erfahrungen von Clarice geschah nun etwas grundlegend Neues: Die innovative Zeitschrift, schnell bekannt für ihre strengen Qualitätsansprüche an hervorra-

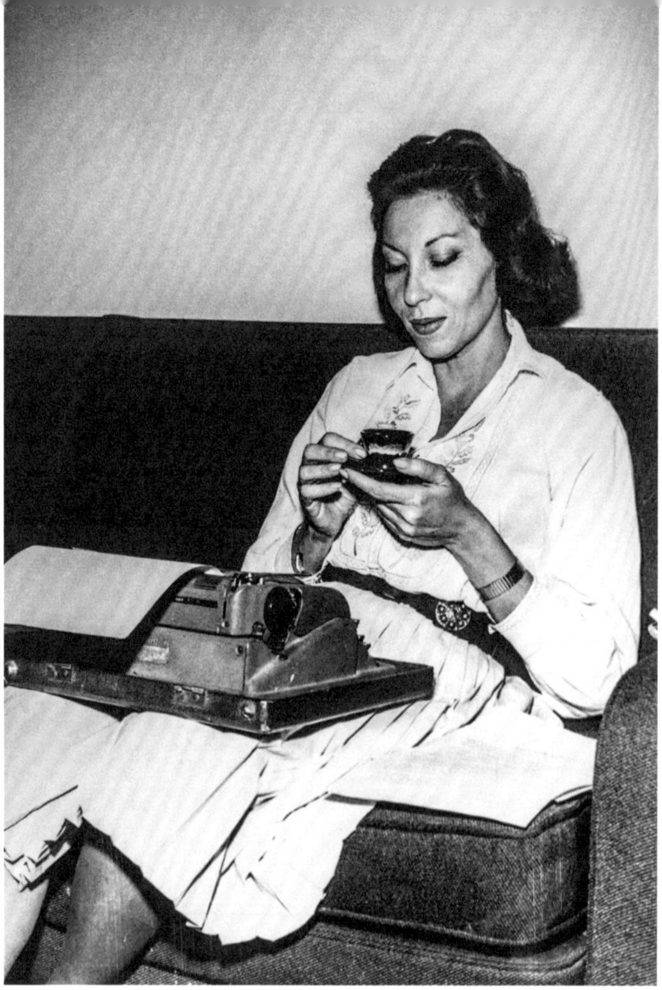

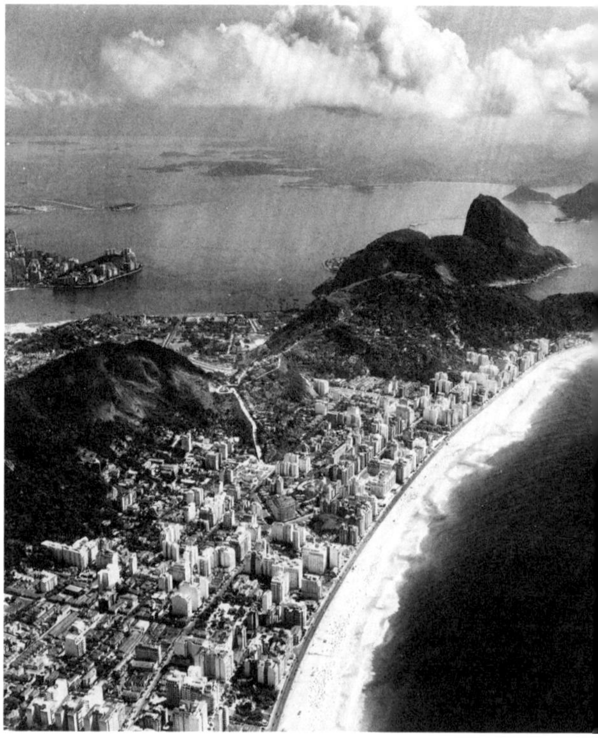

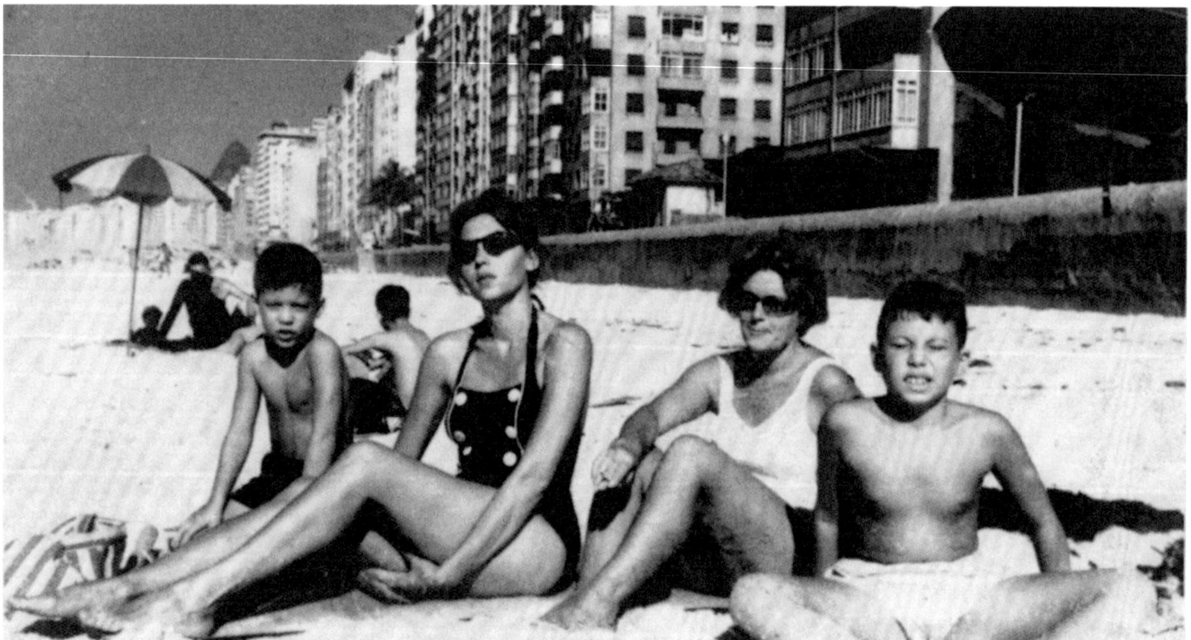

gende künstlerische Leistungen, lehnte namhafte oder einflussreiche Autoren mitunter ab, in einem Fall sogar Érico Veríssimo oder auch den späteren brasilianischen Präsidenten Jânio Quadros, während Clarice sehr regelmäßig publiziert wurde. Durch diese Veröffentlichungen konnte sie zur Inspiration werden für Leserinnen und Leser und insbesondere auch für Künstlerinnen und Künstler verschiedener Sparten, die einen »modernen« Stil, eine neue Ästhetik suchten.

Genießen konnte sie diesen Erfolg nur bedingt. »Sie sah aus wie jemand, der die ganze Zeit mit der größtmöglichen Würde leidet«, so ein Journalist von *Senhor.* »Jeden Monat betraten zwei unangenehme Figuren unsere Räume: Guimarães Rosa mit all seinen Ansprüchen und Clarice Lispector mit ihrem beängstigenden Schweigen.« Clarice veränderte sich stark in den Jahren seit ihrer Rückkehr nach Brasilien, auch äußerlich, das berichteten zahlreiche Personen, mit denen sie in Kontakt stand. Sie begann, sich übertrieben zu schminken, sie entwickelte mehr und mehr Extravaganzen, in diese Zeit fällt auch der Beginn ihrer nächtlichen Anrufe, mit denen sich Freunde und Familie konfrontiert sahen. 1963 schrieb ein Journalist: »Clarice Lispector ist kein Name mehr, sie hat sich zu einem Phänomen unserer Literatur verwandelt [...] ein monstre sacré.« Wenngleich man sie zur gefeierten Ikone erhob, ihr Name und ihre Bücher allgegenwärtig waren, erschreckte der Mythos, der um sie entstand, die Menschen und isolierte Clarice.

Dazu kam die Sorge um Pedro, den älteren ihrer beiden Söhne. Er litt seit seiner Kindheit unter einer Schizophrenie-Erkrankung, die sich verschlechterte, je älter er wurde, bis Clarice ihn 1969 in eine Klinik einweisen ließ. Im Zuge der ohnehin schon entsetzlichen Krankheit Pedros lebte die Ohnmacht, die Clarice als Kind gegenüber der Krankheit ihrer Mutter empfunden hatte, wieder auf. Trotzdem arbeitete sie in diesen Jahren viel, noch immer mit der Schreibmaschine auf den Knien. Während *Senhor* sie in literarisch interessierten Kreisen bekannt gemacht hatte, erreichte sie nun die breite Mittelschicht Brasiliens: Sie schrieb *Crônicas*, lockere literarische Kolumnen für das *Jornal do Brasil*, die einflussreichste Zeitung in Rio de Janeiro. Diese war 1960 gegründet worden und griff das blühende kulturelle Leben Brasiliens auf: Cinema Novo, neue Entwicklungen im Theater, in der Musik, der bildenden Kunst, Seiten über Humor, Mode, Literatur. Auch als Schriftstellerin wurde Clarice immer produktiver. Während sie für ihre ersten Romane jeweils Jahre gebraucht hatte,

Clarice tippte ihre Texte mit der Schreibmaschine auf dem Schoß, eine Angewohnheit aus der Zeit in den USA, als ihre Kinder noch klein waren. Neben der hier abgebildeten Underwood verwendete sie auch eine Olympia. Aufnahme um 1950.

Panorama der Stadtteile Copacabana, Urca und der Uferpromenade Botafogo. Foto von 1958.

Clarice Lispector, ihre Söhne Pedro und Paulo und die Freundin Lucinda Martins am Strand von Leme. Im Hintergund das Copacabana-Viertel in Rio de Janeiro. Juni 1959.

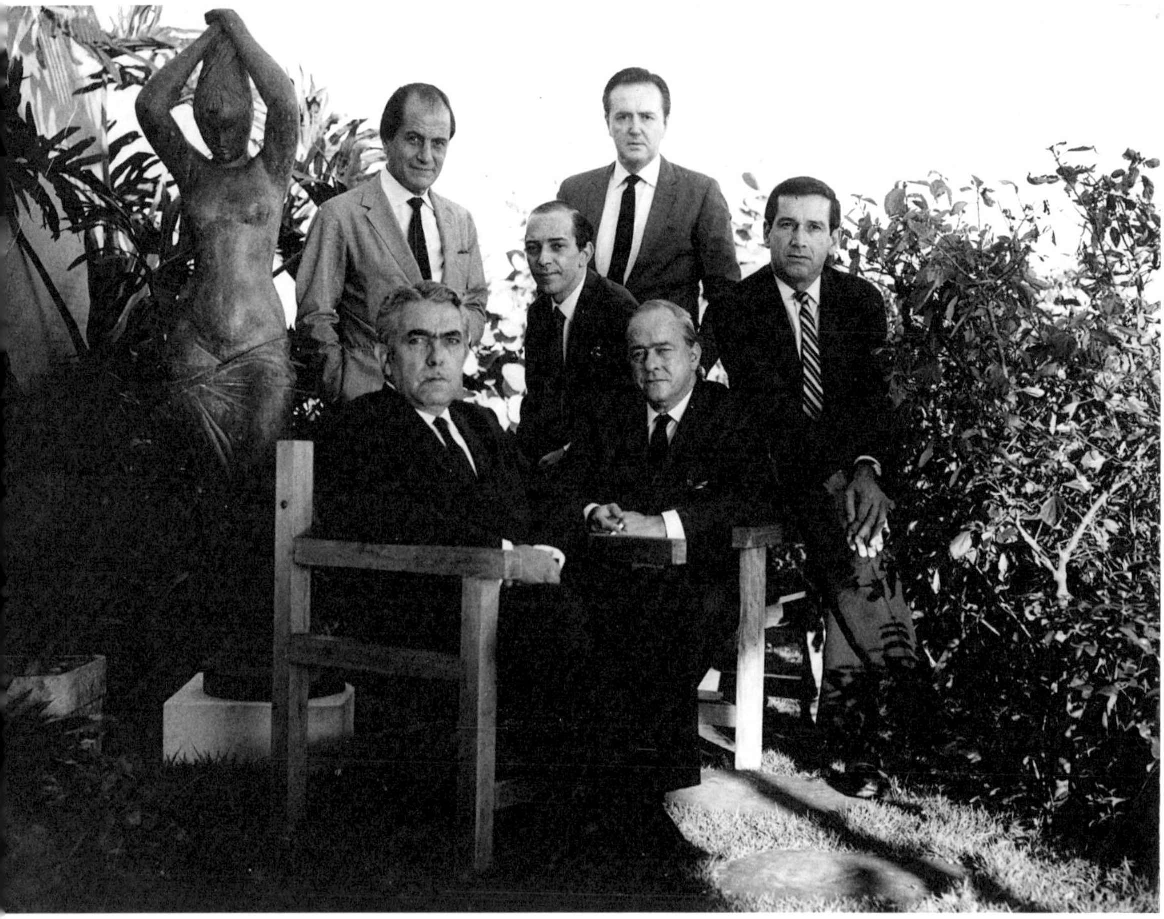

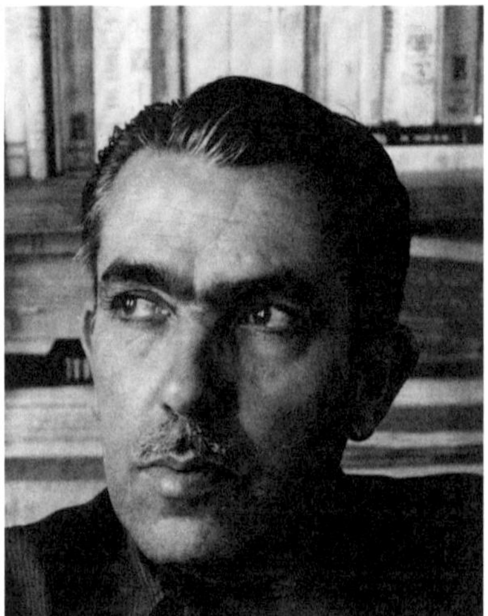

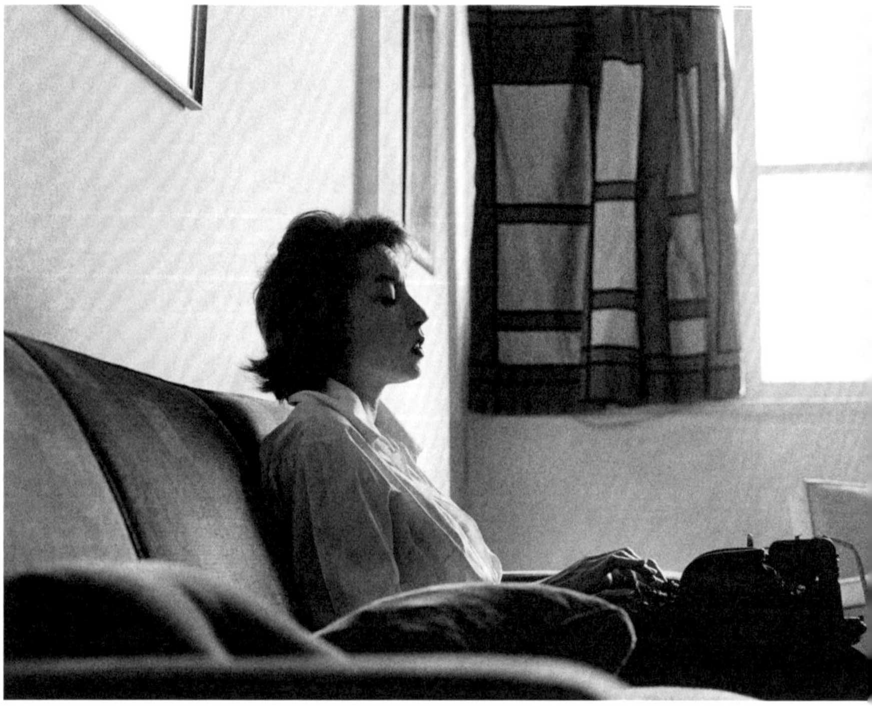

schrieb sie jetzt mit beeindruckender Geschwindigkeit – einmal, zu ihrem eigenen Erstaunen, eine ganze Sammlung von Kurzgeschichten an einem einzigen Wochenende. Je älter sie wurde, je mehr sie sich isoliert fühlte, umso stärker wurde ihre Sehnsucht nach der Kindheit, oder besser: nach dem Kindlichen, Ungezähmten. In *Entwurf eines Jungen* schreibt sie: »Eines Tages werden wir ihn zu einem Menschen zähmen, und dann werden wir ihn zeichnen können. So haben wir es auch mit uns selbst gemacht und mit Gott.« Sie kämpfte darum, diesem gezähmten Leben zu entgehen, es aufzubrechen hin zu etwas Wesentlicherem. Ein Kampf, den sie in ihrer Literatur führte. Und mehr und mehr auch in Auseinandersetzung mit den Mythen, die sie umrankten.

Im Herbst 1966 kommt es zu einem tragischen Zwischenfall, den Clarice beinahe nicht überlebt hätte. Am späten Nachmittag des 13. September telefoniert sie noch mit der jungen Autorin Nélida Piñon: Sie könne nicht wie geplant zur Präsentation des ersten Erzählungsbandes der Freundin am selben Abend kommen. Zu dieser Zeit nimmt Clarice übermäßige Mengen an Beruhigungsmitteln und Antidepressiva ein, raucht extrem viel. Um 3 Uhr 35 in der Nacht sieht eine Nachbarin Rauch aus dem Gebäude aufsteigen, in dem Clarice wohnt. Sie schreit um Hilfe, der Pförtner läuft in den siebten Stock, wo Clarice mit einer Zigarette in der Hand eingeschlafen ist. Sie wacht auf, ihr jüngerer Sohn Paulo zieht sie aus ihrem Zimmer und bringt sie in die Nachbarwohnung, zu Heloísa und Saul Azevedo. Clarice habe unter Schock gestanden, erinnert sich deren Tochter später, sie habe während ihrer gesamten Anwesenheit in ihrer Wohnung nicht ein Wort gesagt und mehrere Verbrennungen gehabt, vor allem an den Händen und an den Beinen. Bevor die Feuerwehr eintrifft, können Saul Azevedo und der Pförtner das Feuer bereits unter Kontrolle bringen. Clarices Schlafzimmer ist vollkommen niedergebrannt. Sie wird ins Krankenhaus gebracht und kämpft dort mehrere Tage lang ums Überleben. Die stärksten Verbrennungen hat sie an der rechten Hand, die zunächst amputiert werden soll, später entscheiden die Ärzte, Haut zu transplantieren und die Hand zu erhalten. Drei Monate lang kann sie nach der Hauttransplantation nicht laufen, sie muss eine Reihe von Rehabilitationsmaßnahmen über sich ergehen lassen. Im Krankenhaus trifft sie Lúcio Cardoso, der einen Schlaganfall erlitten hat. Ihn wiederzusehen muss, trotz des schlechten Zustands, in dem sie beide waren, eine ihrer wenigen Freuden in dieser Leidenszeit gewesen sein. Ihr Sohn Paulo kommentierte später: »Meine Mutter war stolz. Ihr war ihr Aussehen sehr wichtig, ihr

Im Garten des Schriftstellers Rubem Braga. Sitzend, von links nach rechts: Rubem Braga, der Mitarbeiter des *Jornal do Brasil* und brasilianische Chronist des 20. Jahrhunderts José Carlos Oliveira, der Dichter und Sänger Vinícius de Moraes sowie Fernando Sabino. Dahinter, stehend, der Schriftsteller Paulo Mendes Campos und der Komponist, Komiker und Schriftsteller Sérgio Porto. Aufnahme von 1967.

Der brasilianische Schriftsteller, Diplomat und Journalist Rubem Braga, Foto von 1966.

Clarice Lispector bei der Arbeit, die sie verfolgte nach der »Art desjenigen, der das Wort als Köder einsetzt: das Wort, mit dem nach etwas geangelt wird, was nicht Wort ist. Wenn dieses Nicht-Wort anbeißt, hat man geschrieben.« (aus »A pesca milagrosa«, im Band *A legião estrangeira*). Aufnahme von Claudia Andujar aus dem Jahr 1961.

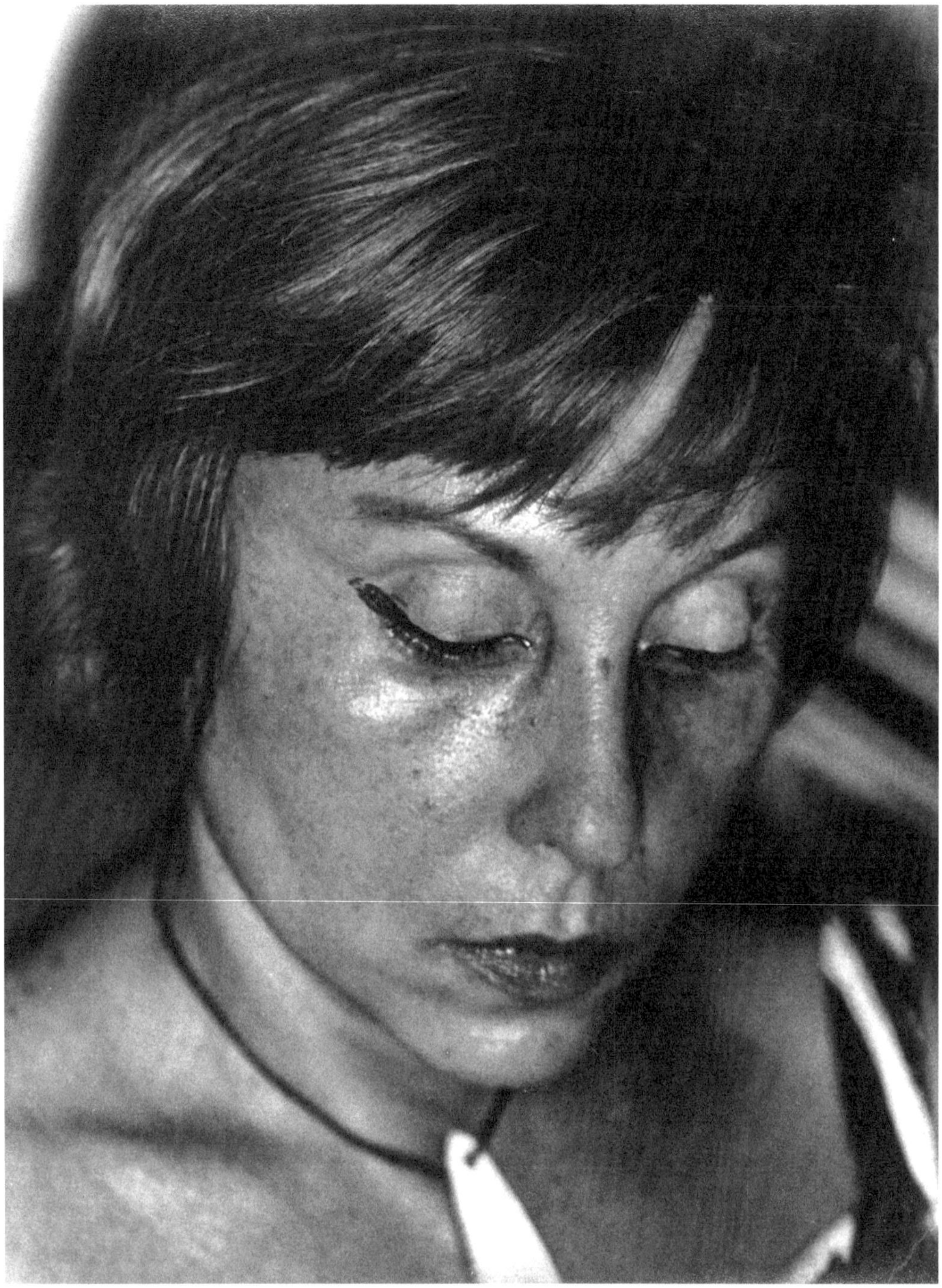

Bild. Nach dem Unfall, als ihre rechte Hand und ihre Beine so starke Verbrennungen hatten, verschloss sie sich sehr.«

1971 traf sie die wichtigste Weggefährtin ihrer letzten Jahre: Olga Borelli, eine ehemalige Nonne, die nicht nur ihre engste Freundin, sondern auch ihre Lektorin und literarische Beraterin wurde. Sie hat das Entstehen der letzten großen Erzähltexte Clarice Lispectors wesentlich beeinflusst und erleichtert. Olga Borelli schreibt über die Freundin: »Sie war schön [...]. Sie weckte Leidenschaften weit jenseits des Normalen. Ich glaube, das muss sie sehr gestört haben. Ihr Magnetismus machte ihr Zusammenleben, ihren Kontakt mit den Menschen schwierig, bis hin zu unmöglich. Clarice war sehr transparent, ihr Gesicht, ihre Stimme. Wenn sie glücklich war, wurde sie wunderschön, herrlich, und ihre Augen leuchteten. Es gab Gelegenheiten, da war sie sehr fröhlich. Wenn sie ängstlich war, wurden ihre Augen feucht, dann bekam sie keine Luft, atmete viel. [...] Sie verfügte über ein unerträgliches Genie, unerträglich für sich selbst und für die anderen.«

»Kunst ist dann gut, wenn sie das Ausdruckslose berührt hat. Die schlechteste Kunst ist die ausdrucksstarke, diejenige, die hinausgeht über das Stück Eisen und das Stück Glas, und das Lächeln, und den Schrei.« (*Die Passion nach G. H.*) Clarice Lispector Ende der 1960er Jahre.

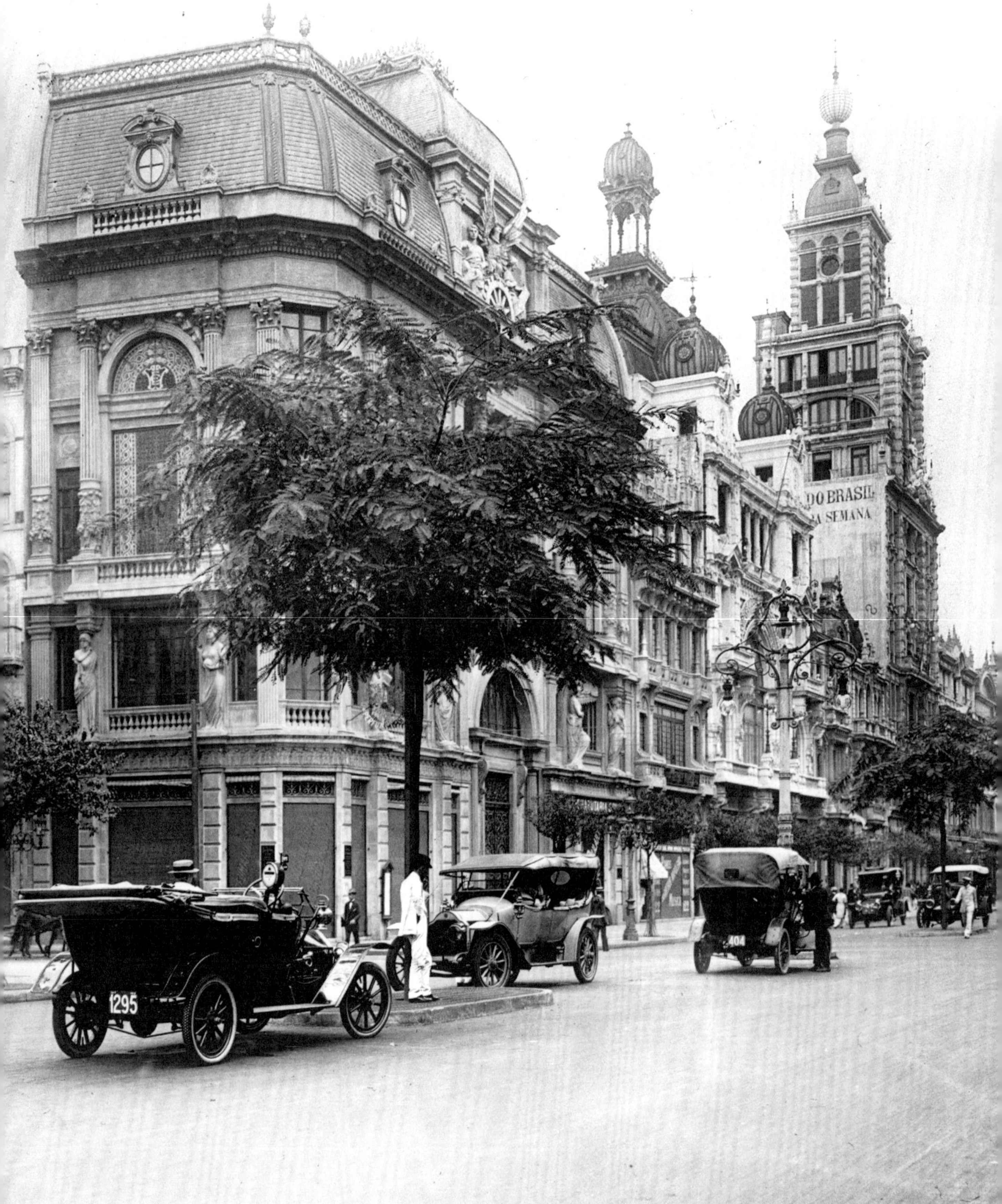
DO BRASIL
SEMANA
1295
404

Zum Dank ein Oktopus

Clarice Lispectors Romane und Erzählungen erscheinen auf den ersten Blick mitunter schwer lesbar, aber es lohnt sich sehr, sich auf die damit verbundenen Zumutungen einzulassen. Darüber hinaus gewinnen sie enorm durch mehrmalige Lektüre. Den unmittelbaren Zugang erleichtern ihre *Crônicas* für das *Jornal do Brasil*, wo sie ab 1967 jahrelang jeden Samstag veröffentlichte. Das Genre hatte ihr Freund Rubem Braga erfunden, es handelt sich um persönlich gehaltene, literarische Kolumnen – allerdings kritisierte Braga wie einige andere männliche Kollegen den intimen Ton, in dem Clarice Lispector sich an ihre Leserinnen und Leser wandte. Beim Publikum jedoch kamen diese Texte sehr gut an. Teils bieten sie Zugang zu ihren literarischen Einfällen, die sie dann in längeren Erzähltexten ausarbeitete, teils geben sie Einblicke in ihre Arbeitsweise. Manchmal verarbeitete sie Episoden ihrer Biografie, wie in einer Kolumne, in der sie von frühmorgendlichen Kindheitsausflügen mit dem Vater zum Strand erzählt und davon, wie das salzige Meer von Olinda ihre ansonsten unglückliche Kindheit im nahen Recife prägte. Diese Kolumnen können nachdenklich, melancholisch, aber zugleich voller Erzähllust, reich an Humor und Lebensfreude sein. Sie berichten häufig von Alltagsbegebenheiten in Rio de Janeiro, enthalten aber auch regelmäßig grundsätzliche Kommentare über Clarices Verhältnis zu Männern, zum Männlichen: Unter allen Gesprächen bleibe das Wichtigste das zwischen Mann und Frau. Clarice Lispector ist in ihren *Crônicas* nahbar, einnehmend, teilt ihren Alltag, ihre Zweifel und Freuden und widerspricht damit dem starren, abschreckenden Bild, das insbesondere im Literaturbetrieb inzwischen von ihrer Person kursiert. Ihre Kolumnen erreichen in Brasilien eine breite Masse: Ihr Nachlass im Museum für brasilianische Literatur in Rio de Janeiro zeugt davon. Er enthält berührende Briefe von kranken oder sterbenden Menschen, die sich von ihr erkannt fühlen und ihr danken, genauso wie von Jugendlichen, von

Die Avenida Rio Branco. Der Turm im Hintergrund gehört zu dem Gebäude, in dem sich die Redaktion des *Jornal do Brasil* befand. Aufnahme zwischen 1909 und 1919.

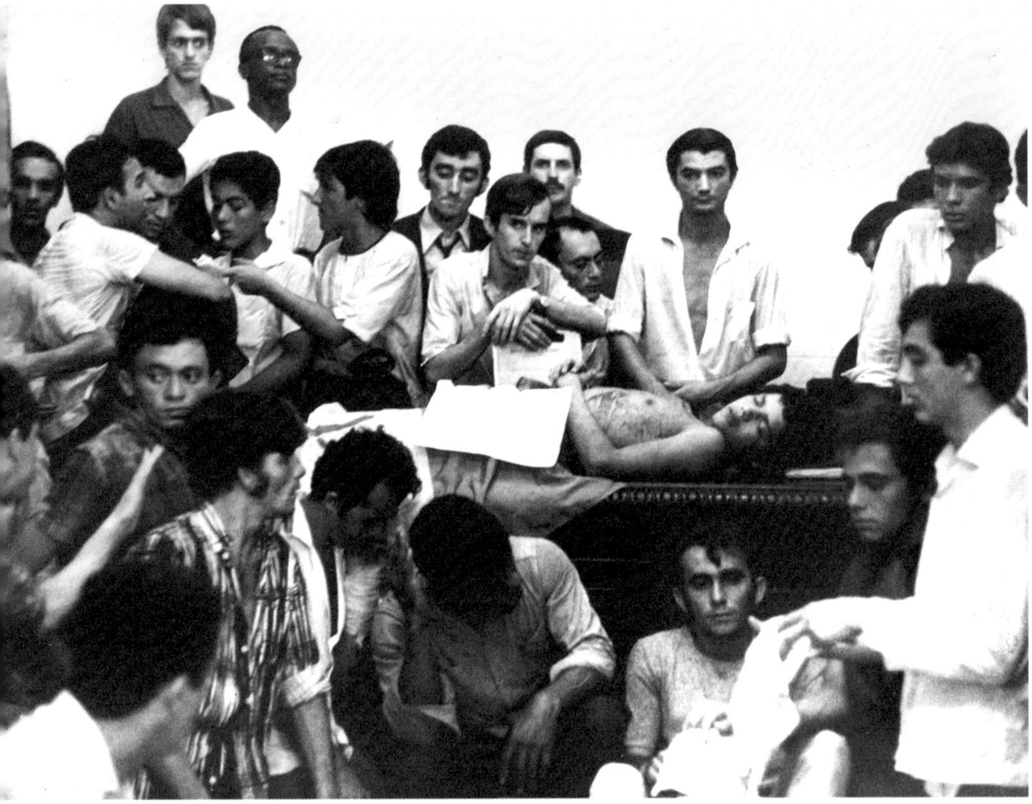

Trauernde bei der Bestattung des ermordeten Schülers Edson Luís de Lima Souto. Aufnahme von 1968.

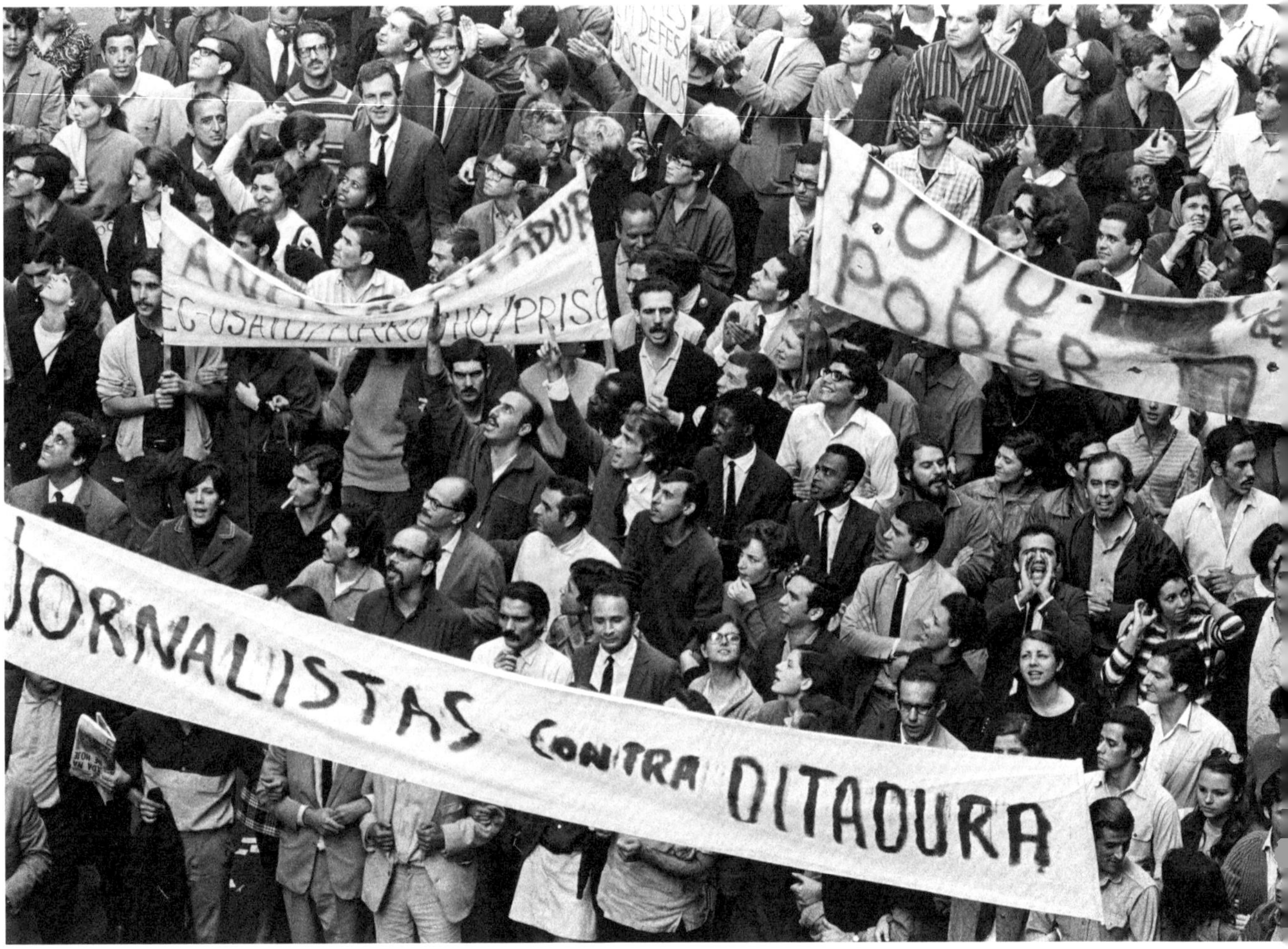

Der Marsch der Hunderttausend am 26. Juni 1968 in Rio de Janeiro. Foto: Evandro Teixeira.

Männern wie von Frauen aller Altersstufen. In einer ihrer Kolumnen erzählt Clarice Lispector davon, welche seltsamen Formen der unerwartete Ruhm, den sie durch das Schreiben ihrer *Crônicas* erlangte, annehmen konnte: Eines Tages sei eine wildfremde Frau mit einem Oktopus in ihrer Wohnungstür erschienen und habe ihr diesen zum Dank für ihre Arbeit an Ort und Stelle zubereitet.

Die Zeit, in der Clarice durch ihre zunehmende Bekanntheit gesellschaftlichen Einfluss erlangte, war eine düstere Zeit in Brasilien. 1964 hatte das Militär geputscht, was manche, darunter Clarices Verehrerin Elisabeth Bishop, durchaus begrüßten, weil sie glaubten, dadurch entgehe Brasilien dem Kommunismus, der seit der kubanischen Revolution von 1959 die Gemüter bewegte. Stattdessen war es der Beginn einer einundzwanzigjährigen, brutalen Militärdiktatur. Zunächst war diese zwar noch relativ moderat, 1968 verschärfte sich die Situation allerdings massiv, nachdem im Dezember die Nationalversammlung für unbestimmte Zeit aufgelöst und der Ausnahmezustand ausgerufen wurde. Der Präsident erhielt nun uneingeschränkte Vollmachten. Die blühenden Jahre des brasilianischen Kulturlebens waren endgültig vorbei. Das Recht auf *habeas corpus* und freie Versammlung wurde aufgehoben, eine »Vorzensur« eingeführt, dutzende Diplomaten, Politiker, Richter wurden aus dem öffentlichen Leben verbannt.

Nachdem im März 1968 bei Auseinandersetzungen zwischen Studenten und der Militärpolizei ein 16-Jähriger ums Leben gekommen war, ging Clarice Lispector mit anderen Intellektuellen und Künstlern zusammen auf die Straße. Öffentliche Äußerungen zu politischen Themen hatte sie zuvor nie gemacht – sie fürchtete sich vor den Machthabern, war tief geprägt von dem, was ihrer Familie in der Ukraine angetan worden war. Im Juni 1968 nahm sie dennoch am »Marsch der Hunderttausend« teil, bei dem Menschen aus allen Teilen der Gesellschaft gegen die zunehmende Gewalttätigkeit des Regimes protestierten. Lispector marschierte sogar mit anderen Künstlern an der Spitze. Am nächsten Tag ging ein Foto durch die Presse, auf dem sie zusammen mit dem damals sehr populären Musiker Chico Buarque zu sehen war: »Freiheitsmarsch ergreift von der Stadt Besitz«, titelte die Zeitung *Última Hora*. Clarice Lispector erschien plötzlich wie eine Schutzheilige der Studentenproteste, eine »Beschützerin«, eine »jüdische Mutter« nannte sie der Maler Carlos Scliar, der sie noch aus Neapel kannte. Von Seiten der Machthaber ließ man sie trotzdem zunächst in Ruhe. 1973 kam es allerdings erneut zu einem Machtwechsel innerhalb der Militärjunta und am 2. Januar 1974 traf es dann auch

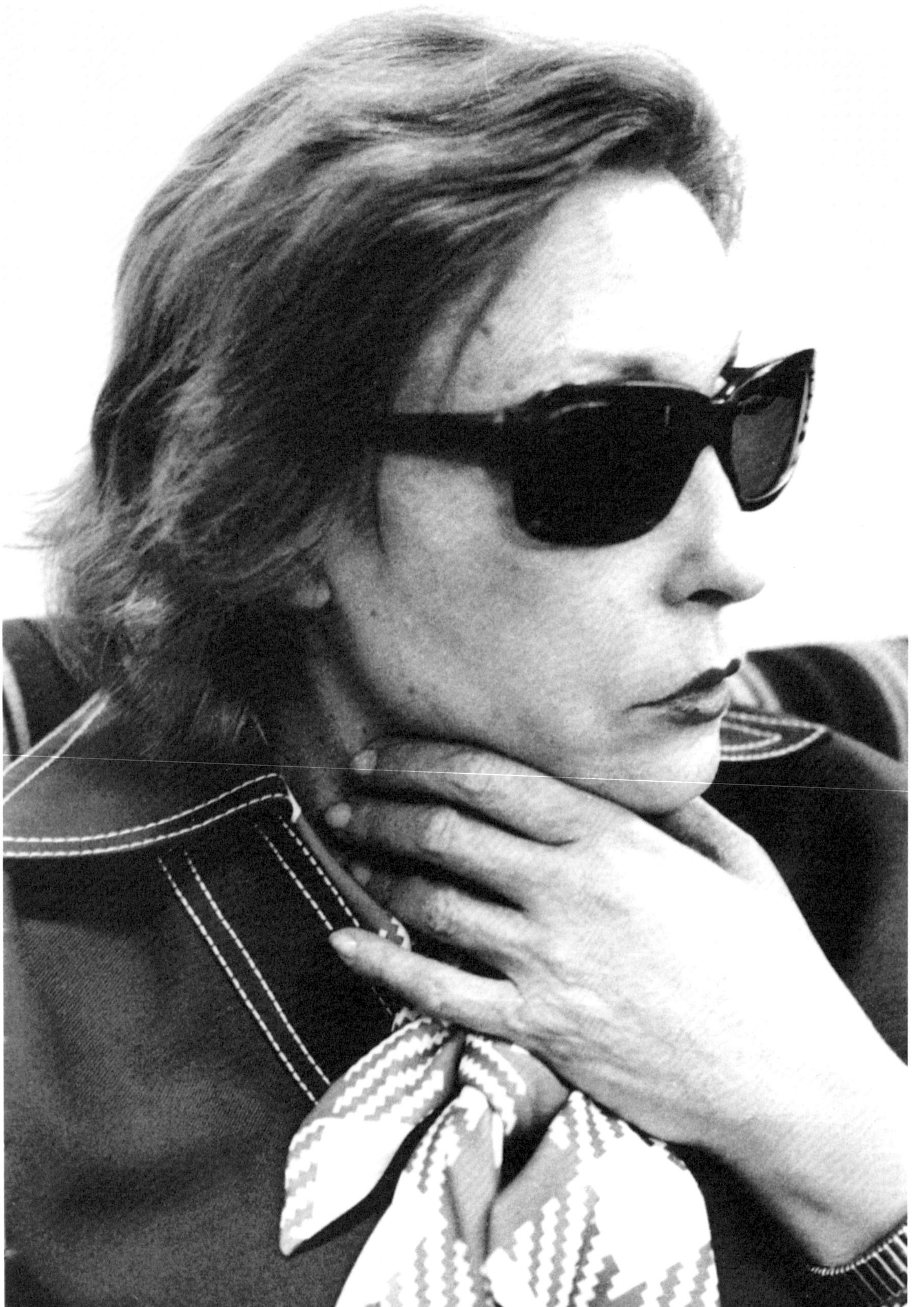

sie: Clarice Lispector erhielt per Post ihre Entlassung als Cronista beim *Jornal do Brasil* – ohne ein Wort des Dankes für eine siebenjährige Zusammenarbeit, was sie sehr aufbrachte. Aus einem späteren Interview mit dem Herausgeber Alberto Dines geht hervor, dass auch Clarices Kündigung mit einer antisemitischen Kampagne beim *Jornal do Brasil* zusammenhing, die in Dines' Entlassung kulminierte und damit auch alle traf, die mit ihm eng verbunden waren, so auch die Jüdin Clarice Lispector. Sie versuchte, juristisch gegen diesen Akt der Willkür vorzugehen, scheiterte aber, auch weil sie keinen festen Vertrag hatte, der ihr Kündigungsschutz hätte gewähren können.

Von diesem Verlust ihres Einkommens und vor allem ihrer Leserschaft erholte sie sich nicht mehr. Sie litt an Schlaflosigkeit. Schreckte immer wieder in ihrem Apartment in Leme auf, war um zwei, drei, vier Uhr morgens plötzlich hellwach, bei klarem Verstand. Der erste Gedanke: Wen würde sie anrufen können? Welcher ihrer Freunde, welche ihrer Freundinnen würde sie zumindest nicht verfluchen, wenn mitten in der Nacht das Telefon klingelte? Sie stand in solchen Nächten auf, trank eine Tasse Kaffee. Saß in ihrem Wohnzimmer, hinter sich die Wand mit ihren Portraits, oft mit dem Telefon auf den Knien, einsam. Sie lauschte dann in die Stille, die wohl niemals so tief war wie in diesen Stunden. Sie hörte das Geräusch der Wellen am nahen Strand und wartete reglos auf den Tag, ohne lesen oder schreiben zu können.

Im Oktober 1977, einige Tage nach der Veröffentlichung ihres letzten Romans *Der große Augenblick*, der in den USA zur Grundlage ihrer internationalen Anerkennung werden sollte, musste sie überraschend ins Spital eingeliefert werden. Im Taxi sagte sie zu ihrer Freundin Olga: »Tu so, als wenn wir nicht unterwegs ins Krankenhaus wären, und ich bin auch nicht krank und wir fahren nach Paris.« »Also begannen wir«, so Olga Borelli über diese Fahrt, »Pläne zu machen und über alles zu sprechen, was wir in Paris unternehmen würden. Der Taxifahrer, der arme Kerl, schon müde, weil er die ganze Nacht gearbeitet hatte, fragte furchtsam: ›Darf ich mit Ihnen reisen?‹, und Clarice antwortete: ›Na sicher können Sie, und bringen Sie ruhig auch Ihre Freundin mit.‹ Und er: ›Meine Freundin ist eine siebzigjährige alte Frau, und ich habe kein Geld.‹ Clarice antwortete: ›Sie kommt auch mit. Tun Sie so, als hätten Sie beim Fußballtoto gewonnen.‹ Als wir das Krankenhaus erreichten, fragte Clarice nach dem Fahrpreis. Nur zwanzig Cruzeiros, und sie gab ihm zweihundert.«

»Mit der Zeit, vor allem in den letzten Jahren, ist mir die Kunst abhandengekommen, Mensch zu sein. Ich weiß nicht mehr, wie das geht. Und eine ganz neue Form der ›Einsamkeit dessen, der nicht dazugehört‹, ist über mich hereingebrochen wie Efeu, der eine Mauer überwuchert«, schreibt sie am 15. Juni 1968 in einer ihrer Crônicas im *Jornal do Brasil*. Hier im Oktober 1976 im Hotel Açores, auf der Rua da Praia in Porto Alegre.

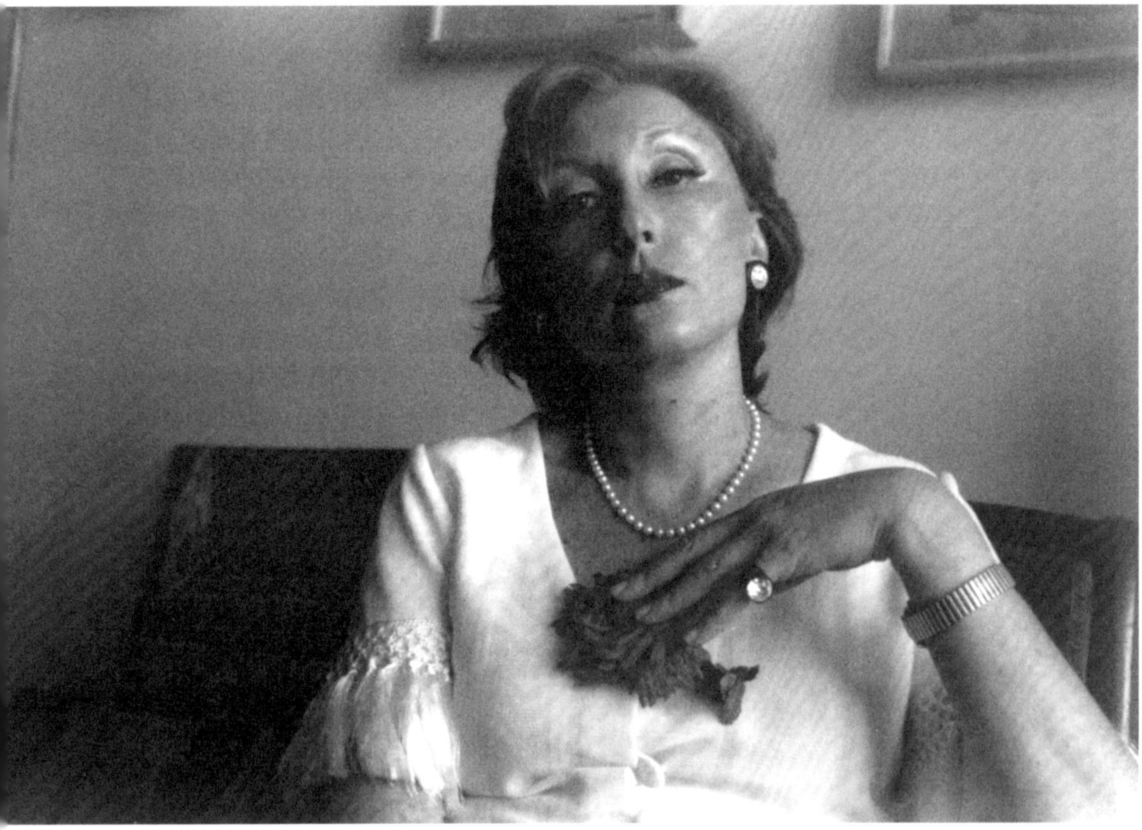

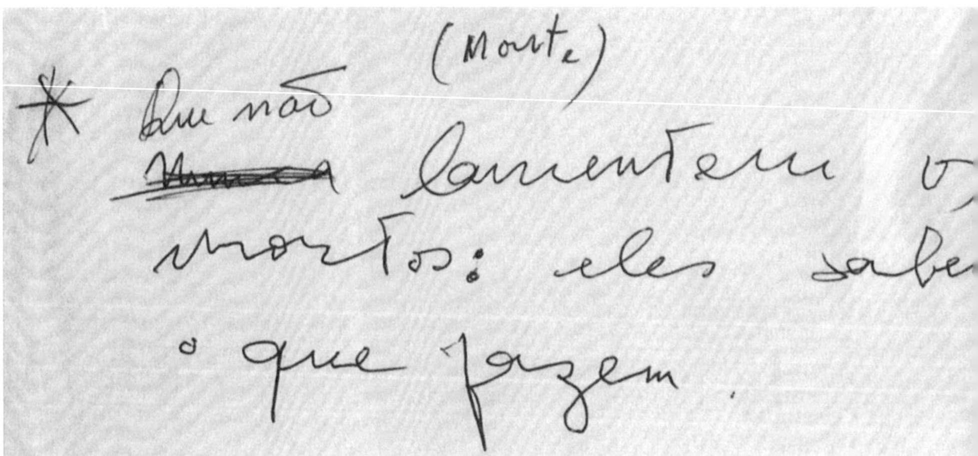

(Morte)
* Que não ~~Nunca~~ lamentem os
mortos: eles sabem
o que fazem.

Clarice Lispector ist am 9. Dezember 1977 an Krebs gestorben, einen Tag vor ihrem 57. Geburtstag, in der Gesellschaft von Olga Borelli und ihrer Schwester Tania. Viele ihrer Freunde und Zeitgenossen sahen auf ihrem Grabstein in Rio de Janeiro zum ersten Mal ihren jüdischen Namen, den, den sie zuerst getragen hatte, in hebräischen Buchstaben: Chaja bat Pinchas. Chaja, Tochter von Pinchas.

Als Clarice Lispectors markantestes Persönlichkeitsmerkmal galt vielen Weggefährten das Geheimnis, das Unnahbare, das sie Zeit ihres Lebens umgab. »Clarice entstammte einem Geheimnis / und entwich in ein anderes«, schrieb der Lyriker Carlos Drummond de Andrade 1978 (»Visão de Clarice«). Fotografie von ihrer Freundin Olga Borelli, aufgenommen im Winter 1976/77 in der Wohnung der Autorin in Leme.

Notiz zum letzten von Clarice Lispector noch vollendeten Roman *Der große Augenblick*: »(Tod). Klagen sind nichts für die Toten: sie wissen, was sie tun.«

Zeittafel zu Clarice Lispectors Leben und Werk

1920 Chaja Pinchassowna Lispector kommt in der Kleinstadt Tschetschelnyk in Podolien (Ukraine) zur Welt, wo die Familie sich auf der Flucht vor dem Ukrainischen Bürgerkrieg befindet. Sie ist die dritte Tochter von Pinkhas und Mania Lispector. Seit 1918 richten sich Pogrome gegen die jüdische Bevölkerung.

Die Lispectors fliehen über Bukarest und Budapest bis Hamburg und von dort mit dem Schiff über Frankreich und Portugal nach Brasilien.

1922 März: Ankunft in Maceió, Brasilien, wo die Familie neue Namen annimmt: Die Eltern heißen jetzt Pedro und Marian, die Töchter Elisa (9 Jahre, ehemals Leah), Tania (6 Jahre) und Clarice (1 Jahr, ehemals Chaja bzw. Haia).

1925 Umzug der Familie nach Recife, wo Clarice eingeschult wird.

1930 Am 21. September stirbt die Mutter nach langer Krankheit, vermutlich eine unbehandelte Syphiliserkrankung nach einer Vergewaltigung während der Pogrome im Winter 1918/19. Sie war zuvor jahrelang gelähmt.

1932 Clarice wird ins Gymnasium umgeschult.

1935 Der Vater zieht mit seinen drei Töchtern nach Rio de Janeiro.

1939 Clarice studiert unter schwierigsten Bedingungen Jura (Faculdade Nacional de Direito in Rio de Janeiro). Sie ist sehr an sozialen Fragen interessiert und will das Strafrecht in Brasilien revolutionieren. Sie macht 1943 ihren Abschluss, arbeitet aber nie als Juristin.

1940 Überraschender Tod des Vaters bei einer Operation im August 1940. Clarice beginnt in der *Agência Nacional, Departamento de Imprensa e Propaganda* zu arbeiten, einer Regierungsinstitution, die der Zensur und Propaganda im Estado Novo dient. Begegnung mit dem homosexuellen Schriftsteller Lúcio Cardoso, in den sie sich unglücklich verliebt.

1942 Im Februar beginnt Clarice, für die Redaktion von *A Noite* zu schreiben.

1943 Am 12. Januar erhält sie die brasilianische Staatsbürgerschaft, kurz darauf heiratet sie den angehenden Diplomaten Maury Gurgel Valente, einen Kommilitonen aus dem Jurastudium. Ihr Debütroman *Nahe dem wilden Herzen* erscheint in Brasilien und wird zum sensationellen Erfolg.

1944 Maurys diplomatischer Dienst führt das Paar zunächst nach Belém do Pará im Norden Brasiliens. Im Juli reist Maury nach Neapel, wo er seinen ersten Auslandsdienst antritt, im August folgt ihm Clarice über Portugal und Nordafrika nach. Sie engagiert sich für das Rote Kreuz und hilft, kriegsverletzte brasilianische Soldaten zu versorgen. Beginn eines intensiven Briefwechsels, insbesondere mit ihren Schwestern und mit Fernando Sabino sowie mit Lúcio Cardoso in Rio de Janeiro.

1946 Zwischen Januar und März Aufenthalt in Rio, wo Clarices zweiter Roman *Der Lüster* erscheint, der keine Resonanz bei der Kritik erfährt. Im April wegen einer Versetzung Maurys Umzug nach Bern, Schweiz. Freundschaft mit Bluma Wainer, der Frau des Journalisten Samuel Wainer, die im Exil in Paris lebt.

1948 Elisa Lispectors autobiografischer Roman *No exilio* (*Im Exil*) erscheint in Brasilien. Im September bringt Clarice ihren ersten Sohn zur Welt: Pedro Gurgel Valente.

1949 Im März erneute Reise nach Brasilien, im gleichen Jahr erscheint dort der dritte Roman: *A cidade sitiada* (*Die belagerte Stadt*), der ebenfalls wenig beachtet bleibt.

1950 September 1950 bis März 1951 Aufenthalt der Familie in Torquay in England, wo Maury Gurgel Valente an den internationalen Zolltarifverhandlungen teilnimmt.

1952 Rubem Braga fragt Clarice Lispector für die Seite »Entre Mulheres« (Unter Frauen) der Zeitschrift *Comício* in Rio de Janeiro an, während mehrere männliche Schriftstellerkollegen über Themen des öffentlichen Interesses schreiben. Sie hat Bedenken, damit ihren literarischen Ruf zu schädigen, akzeptiert das Angebot schließlich unter dem Pseudonym Teresa Quadros. Veröffentlichung des ersten Erzählungsbandes *Alguns contos* (*Einige Erzählungen*). Maury wird nach Washington versetzt, Umzug der gesamten Familie im Herbst 1952. Dort enge Freundschaft mit dem brasilianischen Schriftsteller Érico Veríssimo und seiner Frau Mafalda.

1953 Geburt des zweiten Sohnes Paulo Gurgel Valente. Bei Pedro, dem älteren Sohn, zeigen sich erste Anzeichen einer Schizophrenieerkrankung.

1954 Juni bis September: Aufenthalt in Rio de Janeiro.

1959 Juni: Trennung von Maury Gurgel Valente und Rückkehr nach Rio de Janeiro mit den beiden Söhnen. Regelmäßige Publikationen in der Zeitschrift *Senhor*. Im selben Jahr erfinden João Gilberto und Tom Jobim den Bossa Nova, Brasilien erlebt eine Phase kultureller Blüte. Erstmals entsteht so etwas wie ein fruchtbarer Boden für eine Rezeption von Clarices Werk.

1959/60 Finanzielle Schwierigkeiten. Clarice Lispector übernimmt unter dem Pseudonym Helen Palmer eine Kolumne (»Feira de Utilidades«) für den in Rio erscheinenden *Correio da Manhã*. Sie gibt darin Ehefrauen Tipps für den Umgang mit dem Ehemann, mit dem eigenen Äußeren und den Alltagsaufgaben als Hausfrau.

1960 Publikation des zweiten Erzählbandes *Laços de familia* (*Familienbande*). Im *Diario da Noite* schreibt sie eine Kolumne als Ghostwriterin der in Brasilien sehr populären Schauspielerin Ilka Soares.

1961 Publikation des vierten Romans *Der Apfel im Dunkeln*, um die sie fünf Jahre lang gekämpft hatte. Sie erhält in Brasilien den Prêmio Carmen Dolores Barbosa für das beste Buch des Jahres. Auch ausländische Verlage interessieren sich – Gallimard publiziert eine Übersetzung in Frankreich, Alfred Knopf in den USA, Claassen (1964) und später Suhrkamp in Deutschland (1983, einer von mehreren Lispector-Bänden in der Bibliothek Suhrkamp).

1963 Clarice Lispector nimmt an einer Konferenz über brasilianische Literatur in Austin, Texas, teil und lernt dort Gregory Rabassa kennen, der *The Apple in the Dark* übersetzt. Der Roman wird ein Erfolg unter Intellektuellen, die Welle des internationalen Interesses verebbt allerdings bald wieder.

1964 Mit dem Militärputsch im April 1964 beginnt eine Zeit der Diktatur in Brasilien.

Neben einem weiteren Erzählungsband Lispectors erscheint der Roman *Die Passion nach G. H.*, eines der bedeutendsten und heute meistrezipierten Werke der Autorin. Die unmittelbare Resonanz bleibt jedoch aus, eine einzige Rezension erscheint. Es ist die erste Veröffentlichung in der Editora do Autor, einem von ihren Freunden Fernando Sabino und Rubem Braga gegründeten Verlag, womit ihre Schwierigkeiten, überhaupt Verlage zu finden, ein Ende nehmen.

1965 Unter General Humberto Castelo Branco wird die linke Opposition massiv unterdrückt. Ein neues Gesetz schränkt die bürgerlichen Freiheiten ein, spricht der Nationalregierung weitere Machtbefugnisse zu und bestimmt die Wahl des Präsidenten und Vizepräsidenten durch den Kongress. 1966 folgt ein Machtwechsel. Clarice Lispector bleibt von der Militärregierung zunächst unbehelligt.

1966 Am 13. September schläft Clarice Lispector mit einer brennenden Zigarette in der Hand ein, worauf ihre Wohnung Feuer fängt und sie nur knapp dem Tod entgeht. Sie wird mit schweren Verbrennungen ins Krankenhaus gebracht.

1967 Clarice beginnt ihre persönlich gehaltenen, literarischen »Crônicas« im *Jornal do Brasil,* der auflagenstärkste Tageszeitung Rios zu publizieren. Sie wird einer breiten Mittelschicht Brasiliens bekannt. Ihr erstes Kinderbuch erscheint.

1968 In der Zeitschrift *Manchete* erscheinen Clarices Interviews mit bekannten Persönlichkeiten des öffentlichen Lebens in Brasilien.

Am 28. März wird in Rio de Janeiro bei Studentenprotesten der 16-jährige Edson Luís de Lima Souto erschossen. Clarice Lispector, die sich sonst in ihren Texten nicht politisch äußert, schreibt unter ihre Samstags-Kolumne: »P. S.: Mit der Tragödie der brasilianischen Studenten solidarisiere ich mich, mit Körper und Seele.« Am 2. Juni schließt sie sich einer Gruppe von etwa 300 Intellektuellen an, die sich zum Palacio Guanabara, dem Regierungssitz, aufmachen, um von Gouverneur Negrão de Lima eine demokratischere Haltung zu fordern. Am 26. Juni protestiert sie zusammen mit anderen Intellektuellen und Künstlern in der *Passeata dos Cem Mil*, einer Großdemonstration, gegen die Militärdiktatur.

1969 Erneute Stärkung der Machtbefugnisse der Militärjunta durch Verfassungszusätze nach einem weiteren Machtwechsel. Während die Repressionen weiter zunehmen, folgt eine wirtschaftlich recht stabile Phase, das kulturelle Leben dagegen stagniert. Es entsteht der Roman *Eine Lehre oder das Buch der Lust* (in Deutschland 1988 bei Rowohlt erschienen). Clarice Lispector publiziert in schneller Folge Erzählbände, Kinderbücher und Romane bzw. längere Erzähltexte sowie Sammlungen ihrer Crônicas und Interviews.

1971 Bei einer Signierstunde lernt Clarice Olga Borelli kennen, eine ehemalige Nonne, die ihr Werk verehrt und zur engen Freundin, Beraterin und darüber hinaus zur Lektorin und Herausgeberin wird.

1974 *Aqua viva* erscheint in Brasilien.

1974 Im Januar erhält Clarice per Post die Kündigung vom *Jornal do Brasil*. Eine Reihe jüdischer Mitarbeiter wird entlassen, ohne dass Clarice juristisch dagegen etwas ausrichten könnte. Sie verliert ein breites Publikum, für das sie jeden Samstag als Kolumnistin geschrieben hatte.

1975 Clarices Teilnahme am 1. Weltkongress für Hexerei in Bogotá, Kolumbien zum Thema »Literatur und Magie« befördert das schon länger existierende Bild von der unzugänglichen, geheimnisumwobenen Autorin. Sie beginnt, für die Zeitschrift *Fatos & Fotos* Interviews zu führen.

1976 Clarice erhält einen Preis für ihr Gesamtwerk von der Fundação Cultural do Distrito Federal.

1977 Im Februar gibt Clarice ihr einziges, in Brasilien legendäres Fernsehinterview für den Sender TV Cultura. Im Oktober erscheint ihr letzter Roman *Der große Augenblick*. Wenige Tage später wird Clarice ins Krankenhaus eingeliefert, das sie nicht mehr verlässt. Bis zuletzt arbeitet sie gemeinsam mit Olga Borelli am Manuskript zum postum veröffentlichten *Um sopro de vida (Ein Atemzug Leben)*. Sie stirbt am 9. Dezember an Krebs.

Auswahlbibliographie

Alle im Text aufgeführten und nicht auf Deutsch vorliegenden Zitate hat die Verfasserin übersetzt, es sei denn, sie fanden sich in: Benjamin Moser: *Clarice Lispector. Eine Biografie*. Aus dem Englischen von Bernd Rullkötter. Schöffling & Co., Frankfurt am Main 2013.

Primärliteratur in der deutschen Übersetzung:

Der große Augenblick. Übersetzt von Luis Ruby. Schöffling & Co., Frankfurt am Main 2016.
Der Lüster. Übersetzt von Luis Ruby. Schöffling & Co., Frankfurt am Main 2013.
Nahe dem wilden Herzen. Übersetzt von Ray-Güde Mertin und Corinna Santa Cruz. Schöffling & Co., Frankfurt am Main 2013.

Nicht mehr aufgelegt werden bedauerlicherweise einige bei Suhrkamp und Rowohlt in den 1980er und 1990er Jahren erschienene Bände. Besonders empfehlenswert, auch was die Qualität der Übersetzung angeht, und noch antiquarisch zu bekommen sind folgende:

Aqua Viva. Ein Zwiegespräch. Übersetzt von Sarita Brandt. Suhrkamp Verlag, Frankfurt am Main 1994.
Die Passion nach G. H. Übersetzt von Christiane Schrübbers und Sarita Brandt. Suhrkamp Verlag, Frankfurt am Main 1990.
Der Apfel im Dunkeln. Übersetzt von Curt Meyer-Clason. Suhrkamp Verlag, Frankfurt am Main 1983.

Eine Gesamtausgabe der Erzählungen – in der sich die schriftstellerische Entwicklung der Autorin über die verschiedenen Lebensphasen hinweg verfolgen lässt – liegt auf Englisch vor und ist in deutscher Übersetzung angekündigt:

Tagtraum und Trunkenheit einer jungen Frau. Übersetzt von Luis Ruby. Herausgegeben von Benjamin Moser. C. Bertelsmann Verlag, München [im Druck].

Auf Englisch findet man auch eine Auswahl ihrer *Crônicas*:

Selected Cronicas: *Essays*. Übersetzt von Giovanni Pontiero. New Directions, New York 1996.

Ein schöner, umfangreicher Bildband über Clarice Lispector:

Nádia Battella Gotlib: *Clarice Fotobiografia*. Editora da Universidade de São Paulo, São Paulo [2]2009.

Weitere Literatur über Clarice Lispector auf Deutsch:

Verena Auffermann, Gunhild Kübler, Ursula März und Elke Schmitter: *Fürs Schreiben Leben. Clarice Lispector*. In: *Leidenschaften. 99 Autorinnen der Weltliteratur*. C. Bertelsmann Verlag, München 2009, S. 324–329.
›*Ich bin ihr alle*‹. *Clarice Lispectors Kolumnen im* Jornal do Brasil. Zusammengestellt von Sabine Baumann und Norbert Wehr. Mit einem Portrait von Benjamin Moser. In: *Schreibheft*, Zeitschrift für Literatur, Nr. 81, August 2013, S. 21–50.

Clarice Lispectors Briefwechsel:

Correspondências. Herausgegeben von Teresa Montero. Rocco, Rio de Janeiro 2002.
Minhas queridas. Rocco, Rio de Janeiro 2007. [Briefwechsel mit den beiden Schwestern]
Clarice Lispector und Fernando Sabino: *Lettres près du cœur*. Zusammengestellt und übersetzt von Claudia Poncioni und Didier Lamaison. Éditions des femmes, Paris 2016.

Weiterführende Literatur auf Spanisch und Portugiesisch:

Laura Freixas: *Ladrona de Rosas. Clarice Lispector. Una genialidad insoportable*. La Esfera de los Libros, Madrid 2010.
Nádia Battella Gotlib: *Clarice: uma vida que se conta*. Editora da Universidade de São Paulo, São Paulo [7]2013.

Bildnachweis

S. 6, 10 (o. r.), 10 (u.), 26 (u.), 32 (o.), 34, 36, 38 (u.), 44, 50 (u. r.) Acervo Paulo Gurgel Valente
S. 8, 10 (o. l.), 20 (o.), 42 (o. l.), 42 (u.), 52, 60 (o.) Museu-Arquivo de Literatura Brasileira, Fundação Casa da Rui Barbosa, Rio de Janeiro. Mit freundlicher Genehmigung von Paulo Gurgel Valente
S. 12, 26 (o. r.), 32 (u. r.), 48 (o. l.), 60 (u.) aus: Nádia Battella Gotlib: *Clarice Fotobiografia*. Editora da Universidade de São Paulo, São Paulo [2]2009, S. 328, 154, 130, 329, 447.
S. 14 Bluma Wainer / Acervo Clarice Lispector / Instituto Moreira Salles. Mit freundlicher Genehmigung von Paulo Gurgel Valente
S. 18 (o.), 26 (o. l.), 28, 30, 40, 48 (u.), 50 (o.) Acervo Clarice Lispector / Instituto Moreira Salles. Mit freundlicher Genehmigung von Paulo Gurgel Valente
S. 18 (u.) Foto: Eve.b.i
S. 20 (u.), 32 (u. l.), 36 (o.), 36 (l.) Biblioteca Nacional do Brasil
S. 22 (o.) Louis Piereck / Acervo Clarice Lispector / Instituto Moreira Salles. Mit freundlicher Genehmigung von Paulo Gurgel Valente
S. 24 Augusto Malta / Coleção Brascan Cem Anos no Brasil / Acervo Instituto Moreira Salles. Mit freundlicher Genehmigung von Paulo Gurgel Valente
S. 38 (o.) ETH-Bibliothek Zürich, Bildarchiv / Ans_10564
S. 42 (o. r.) National Gallery London
S. 46, 50 (u. l.), 56 (o.) Arquivo Nacional Rio de Janeiro
S. 48 (o. r.) Biblioteca Nacional do Brasil, Arquivo Brício de Abreu
S. 54 Library of Congress Prints and Photographs Division Washington
S. 58 Arquivo do Correio do Povo

Autorin und Verlag haben sich redlich bemüht, für alle Abbildungen die entsprechenden Rechteinhaber zu ermitteln. Falls Rechteinhaber übersehen wurden oder nicht ausfindig gemacht werden konnten, so geschah dies nicht absichtsvoll. Wir bitten in diesem Fall um entsprechende Nachricht an den Verlag.

Dank

Mein herzlicher Dank gilt Dieter Stolz, Gesine Müller und Michael Rölcke. Ohne sie gäbe es diesen Band nicht. Weiterhin danke ich Samara dos Santos, Ulla Meyer-Krentler, Malte Griesse und Mateo Lorei für ihren so wertvollen Rat.

Impressum

Gestaltungskonzept: *Groothuis, Lohfert, Consorten, Hamburg|glcons.de*

Layout, Satz und Reproduktionen: *Angelika Bardou,* Berlin

Lektorat: *Michael Rölcke,* Berlin

Gesetzt aus der *Minion Pro*

Gedruckt auf *Lessebo Design*

Druck und Bindung: *Grafisches Centrum Cuno, Calbe*

Umschlagabbildung:
Clarice Lispector in ihrem Apartment in Leme, Rio de Janeiro, Mitte der 1960er Jahre. © Paulo Gurgel Valente

Bibliografische Information der Deutschen Nationalbibliothek
Die Deutsche Nationalbibliothek verzeichnet diese Publikation in der Deutschen Nationalbibliografie; detaillierte bibliografische Daten sind im Internet über http://dnb.dnb.de abrufbar.

Deutscher Kunstverlag Berlin München
Paul-Lincke-Ufer 34
D-10999 Berlin
www.deutscherkunstverlag.de

ISBN 978-3-422-07476-7